沖繩親子遊

帶小孩第一沖就上手！

暢·銷·最·新·版

最新日旅注意事項

在台灣放寬對疫情的出入境限制後，很多人出國的第一選擇都是到日本。在疫情之後的觀光旅遊政策都有一些變化。如果你以前已去日本玩過好幾次，而現在仍抱持著一樣「說走就走」的想法直衝日本，那可能會因為「一時大意沒有查」的結果，卡在某些出入關流程、或在日本當地發生一些問題。建議你花 3 分鐘快速看完以下重點，順便檢查一下是否自己都做好準備囉！

※ 出入境手續，可能會有變化。實際最新狀況請隨時到相關網站查詢。

- 檢查護照是否已過期、快過期

大部份的國人因為疫情關係，至少有兩年多不曾出國，也許就在這兩年你的護照剛好要過期了，如果有出國計畫，第一步就是打開護照看一下「效期截止日期」，因現在換發護照的人潮眾多，至少提前兩週去辦理比較保險，並且記得順便辦快速通關喔！

 外交部
領事事務局

※ 若要換發護照但沒時間排隊，也可找旅行社代辦。

※ 若之前沒有護照，第一次申辦的人，可就近到任一個戶政事務所，現在臨櫃有提供「一站式服務」，新辦護照也可以受理。

 戶政事務所
辦理護照說明

- 確認最新檢疫入境政策

日本於 2023 年 5 月 8 日起新冠肺炎降級，赴日觀光不需出示疫苗證明，並解除日本室內外口罩令，若有任何變動，請以最新規定為準。

 外交部
前往日本須知

- 線上填寫 Visit Japan Web（VJW），加快入境日本

以前飛往日本，在機上都會發兩張紙本的單子，一張是入境卡（下飛機第一關檢查護照時要交）、一張是給海關用的（有無攜帶違禁品，拿行李出海關時要交）。現在日本已經採取線上化一起整合成「Visit Japan Web」，請務必提前幾天到此網站申請帳號並登錄完成，過程中需上傳護照，及填寫一些旅程相關資料，加上還要等候審查，如果是到了日本下飛機才填寫會來不及喔！

 Visit Japan
Web

 VJW 的
常見問題說明

※ 若未線上填寫 VJW，也仍然可以用以前的紙本單子流程（在飛機上跟空服員索取），也可以線上跟紙本都填，入境時看哪個隊伍排隊時間較短就排那邊，擇一即可。

- 出入境都儘早提前過安檢

不管從台灣出發、或從日本回台，建議都早點過安檢關卡，因為現在旅客爆增，機場人力不太足夠，安檢的關卡常大排長龍。如真的隊伍太長，而你已接近登機時間了，航班的空服員會在附近舉牌子（上面寫有班機號碼），只要舉手回應表明是該班機乘客，就可以帶你加速安檢通關。

- 自助結帳、自助點餐

為了減少直接接觸，許多餐廳新增了自助點餐與結帳系統，入座後可以自行操作座位上的平板電腦，或用個人手機直接掃店家提供的 QR code 點餐。一些商店、超市與便利商店也都增加了自助結帳機，通常搭載多國語言，可先在螢幕點選「中文」後自行刷條碼結帳。另外，即使是由店員負責結帳，許多店家也會在刷好商品條碼後，要求顧客自行將信用卡插入刷卡機結帳，或是將現金直接投入結帳機內。

- 日本有些餐廳改成現場登記制（記帳制）

疫情之後，日本很多餐廳吃飯都要預約，倒不一定要事先電話或網路預約，而是到了現場之後，在門口有本子要你登記想用餐的時間，所以有時看起來沒有在排隊，實際上本子裡已經排了滿滿的人。而且假設你登記 19:00，即使 18:30 有空位了也不能提早進去。不過每間餐廳的作法不同，請以現場狀況為準。

- 日本的消費變便宜還是變貴？

其實日本的物價及稅金一直在上升，但因日圓貶值的關係，消費的感覺並沒有變貴，甚至還更便宜。但因日本政府不時提供國旅補助，鼓勵日本人在國內旅遊消費，相對飯店住宿的漲幅就會比較明顯了。

- 在日本上網更方便的 e-SIM 卡

很多人到日本要手機上網，會另外買專用的 SIM 卡，但缺點是要拔卡換卡很麻煩。現在較新的手機都有支援 e-SIM 卡功能，就是一個虛擬的數位 SIM 卡，只供日本上網專用（一樣有分幾天、吃到飽等方案），像遠傳、台哥大都有自己的日本上網 e-SIM 卡；而 Klook、KKday 等網站也有販賣其它品牌，即賣即用，算是很方便的選擇，可自行上網搜尋相關資訊。

※ 使用 e-SIM 卡時，請將手機國內號碼的漫遊功能關閉，以免誤用台灣號碼漫遊連網。

說走就走！
沖繩親子遊玩樂全攻略

　　《沖繩親子遊》是我的第三本書，從養兩隻黃金獵犬洛基、歐弟到生小孩小聿，前面兩本書都是以寵物旅行、台灣旅遊為主，《沖繩親子遊》是我第一本以國外親子旅遊為主題的書籍。沖繩是日本國土對小孩最友善、公園設施也是最豐富，我們初次前往旅遊後，就愛上了這裡的美好，每年都會忍不住訂了機票，帶著小聿享受好玩、好吃的沖繩。沖繩亞熱帶氣候、天然的環境美景，是最適合小朋友玩耍的超棒環境了！

　　這本《沖繩親子遊》對我來說是一個很大的挑戰，陸陸續續帶小聿飛沖繩數次，希望可以將所有適合親子前往的景點收集完成。我們在邊旅遊、邊享受人生，順便紀錄旅途中開心的心情、好玩的地方……一步一腳印完成一個個景點。我跟先生都很喜歡帶小朋友出國旅行，雖然老人家總是說小孩太早出國都會忘記去過哪裡，但是在爸媽的記憶中，帶小朋友去哪都非常好玩，都是滿滿的幸福，無論旅途中的辛苦、勞累！

　　為了完整呈現最好玩的沖繩景點，完美主義的我，總是希望將沖繩最新、最夯、最私房的景點全部放入書中呈現！而出發前，我最愛的黃金獵犬大兒子吳洛基，身體因為老化出了些狀況，回台灣後，吳洛基沒多久就離開我們去當小天使了！本來我還在期盼《沖繩親子遊》出來後，要安排帶著最心愛的寵物洛基，以及小聿再度踏上沖繩，可惜無法圓夢了！這本書也是紀念我最愛的吳洛基，對我來說毛孩、小孩都是我的寶貝，都一樣疼愛！

　　這本書是我們夫妻倆用盡心力完成的，裡面有許多隱藏景點、私房美食，也是一本全方位非常適合帶小朋友前往沖繩的超棒工具書，書裡提到的親子景點，是目前市面上最豐富、最多元化的親子旅遊書，希望大家可以利用這本書，帶小朋友在沖繩好好探索、玩得開心！

洛基小聿媽

CH1
輕鬆暢遊沖繩

CH3
親子飯店民宿推薦

CH2
行前準備

CH4
北部親子遊

CH5
中部親子遊

CH6
南部親子遊

CH7
那霸親子遊

本書所列旅遊相關資訊，以 2024 年 4 月為基準。
資訊因時因地會調動，出發前請利用書中的網址再次確認。

輕鬆暢遊沖繩

沖繩親子遊最適合！

　　沖繩從台灣搭乘飛機，只需要 45 分鐘的時間，短程飛行時間、距離近，最適合攜帶小朋友首次體驗搭飛機出國旅行！沖繩蔚藍的海、細白的沙灘，擁有許多特色親子溜滑梯公園，多個親近大自然、可愛小動物的觀光景點，真的是一個非常適合帶小朋友觀光旅行、探險、享受美食、體驗沖繩工藝、瘋狂購物血拼的美麗島嶼！

● 沖繩親子遊 8 大一定要衝的行程：

1

入住絕美、設施豐富的海景飯店，享受飯店美麗的私人沙灘，欣賞海天一色的海景！

2

選間美麗海景咖啡廳，品嚐美味佳餚、沁涼飲品，一邊欣賞晶瑩剔透的海水景色。

3

必訪親子溜滑梯公園，依照小朋友的年紀選擇適合的溜滑梯公園設施，讓孩子們體驗沖繩式的童年時光。

找有附設兒童親子設施的餐廳，好好享用美食，讓孩子們吃飯也有得玩。

前往離島兜風趣，美麗的沖繩離島是目前最夯、最美的景點，是絕對不容錯過！

親近大自然，體驗亞熱帶雨林生態。

挑選可以親近，接觸小動物、海底世界的景點，帶孩子們認識、探索、觀察！

挑選最想逛的 outlet、mall、購物中心，好好血拚一下！

認識沖繩

　　沖繩縣由琉球群島中大大小小的島嶼組成，包含了沖繩群島、先島群島、太平洋中的大東群島，是日本最南的一個縣，和鹿兒島隔海相鄰。位於日本九州南端，其中心是沖繩島，也是北大平洋上的火山島嶼。沖繩本島全島屬於亞熱帶氣候，部分島嶼為熱帶氣候，四面環海，終年氣候溫暖、雨量充沛，一年四季氣候宜人，除了冬天 1 月需要穿厚外套外，其他時間都屬於陽光普照，可以穿上短袖的天氣！很適合日本人來此躲避寒冷的冬天，享受溫暖陽光度假。

　　沖繩縣在古代是琉球王國的獨立國家，同時對中國、日本朝貢，並與兩國有貿易經濟往來，其文化、歷史古蹟都深受中國文化博大精深的影響，日本明治維新後，琉球王國被日本政府吞併。在二戰期間，沖繩是現在日本領土內唯一發生地面戰的地區，被戰火摧殘、大小戰役不斷，戰後大批美軍進駐沖繩縣，並設立許多美軍基地，這也是沖繩的建築、飲食融合了美國特色的原因。

　　沖繩深受中國、日本、美國文化的影響，在其歷史文化的背景下，當地人文風情、飲食都非常有特色，也相當獨特！而四面環海的沖繩，擁有美麗海灘、珊瑚礁、豐富海洋生態，相當適合觀光客 4 ～ 10 月來沖繩感受海島風情、享受海洋活動！

● 沖繩分區

　　沖繩狹長的形狀，分成北部、中部、南部三個區域，最熱鬧的地方以南部那霸市中心為主，因輕軌只有那霸市區有，所以要前往其他地方，交通上會建議租車自駕為主。因為南北開車也要 1 ～ 2 小時，所以會建議先將北部、中部、南部的景點、美食餐廳、飯店規劃出來，盡量將同一區域的景點分配在一起，並選擇附近的飯店。

北部

以本部、名護為主，以名護鳳梨園、美麗海水族館等必去景點聞名，景點與景點的距離比較遠，加上可以開車前往古宇利島、瀨底島等離島，所以會建議北部可以安排在行程的第二天、第三天，依照景點安排 2 天住宿！

中部

以美國村、恩納村為最推薦！這兩個區域以海景飯店為主，擁有許多游泳池、私人海灘、海上活動，光是在飯店就可以玩上整整一天，建議一定要選個 1 ～ 2 天住宿，感受一下度假的氛圍。

那霸市區

建議可以住在國際通、新都心購物商圈附近，逛街非常方便！通常我會安排抵達沖繩的第一天，以及最後一天住在那霸市區，選擇離輕軌距離近的，搭車前往機場方便！

南部

南部的景點以玉泉洞、新原海灘、奧武島等聞名，到南部一定要選一間無敵海景餐廳，享受美食欣賞沖繩最美麗的海景。南部住宿的部分，建議拉回那霸市區住，晚上還可以逛街！

古宇利島
今歸仁村
本部町
瀨底島
國頭村
大宜味村
東村
名護市
恩納村
宜野座村
金武町
讀谷村
宇流麻市
嘉手納町
沖繩市
北谷町
宜野灣市
北中城村
浦添市
中城村
那霸市
西原町
與那原町
南風原町
豐見城市
南城市
八重瀨町
糸滿市

沖繩旅遊須知

● 氣候與穿著

沖繩海水浴場開放游泳的時間以 4 ～ 10 月為主，11 ～ 3 月是不少海水浴場、飯店游泳池禁止游泳的時間，建議想帶小朋友到沖繩游泳的家庭，可以注意季節限制的時間以免撲空！

5 月有梅雨季節，7 ～ 8 月容易遇到颱風，1 ～ 2 月是沖繩最冷的天氣，海風大，東北季風、寒流來的時候，也需要穿羽絨衣厚外套，其餘時間冬季大約 17 ～ 20 度，白天還可以穿短袖、薄外套。夏天豔陽高照，建議防曬裝備要準備齊全，以免孩童曬傷！如果想看沖繩最美麗耀眼的海，建議選擇夏天到訪比較適宜！

沖繩旅遊旺季是 4 ～ 10 月，房價會比冬季貴上不少，特別是黃金週、暑假等時間，梅雨季節、冬季房價會相對便宜些。

● 時差

沖繩與日本一樣，和台灣的時差為 1 個小時，如果台灣是上午 7 點，沖繩就是上午 8 點。

● 國際電話撥打方式

從沖繩打回台灣：日本國際碼001010＋台灣國碼886＋台灣電話號碼（必須去掉最前面的0）。

從台灣打去日本內電話 002-81-xxxxx，區域第一個 0 不用撥。沖繩區域碼為 098，要播 002-81-98xxxx。

● 行動上網分享器

出國前可以先租借行動上網分享器或是購買日本 4G 上網卡。行動上網分享器必須先預約，一天租借約在台幣 89 ～ 100 元之間，建議選擇可以在機場租借、機場辦理歸還的方式。若是遇到廉航凌晨的時間，可以選擇提早到行動上網分享器公司領取、或是選擇前一天宅配到府的服務。行動上網分享器一次可以讓 2 ～ 3 人同時使用，分攤費用下來，網路費比較省，也不用更換手機 sim 卡。當然要隨身攜帶行動電源，以免行動上網分享器沒電。另外確認機器是否可以開機、充電，也是非常重要！

飛買家日本上網
吃到飽
行動上網分享器

飛買家日本上網吃到飽行動上網分享器：

https://new.traveltobuy.com/service/wifi

專屬優惠：MINIKOJP

klook WiFi
分享器&上網
SIM 卡

● 電壓／插座

日本電壓為 100 伏特，台灣為 110 伏特，從台灣帶手機、相機充電器、筆電等電器用品，基本上因為有調節電壓的功能，都可以直接使用，不必準備變壓器。日本插座是雙平腳兩孔插座，跟台灣相通，但若有三插頭電器、筆電，則必須攜帶轉接頭。

● 台北駐日經濟文化代表處 那霸分處

台灣在沖繩有辦事處，如果遇到緊急情況需要協助，可連絡以下資訊：

地址：沖繩縣那霸市久茂地 3-15-9 6 樓
MAPCODE：33 157 421*54
電話：+81-98-862-7008
傳真：+81-98-862-7016
E-mail：teco-oka@ryukyu.ne.jp
緊急聯絡電話：+81-80-8056-0122（緊急求助用）
上班時間：星期一至五 9:00 ～ 12:00、13:00 ～ 18:00
領務（護照、簽證、文件驗證）受理時間：星期一至五 9:00 ～ 11:30、13:00 ～ 16:30

台北駐日經濟
文化代表處
那霸分處官網

沖繩交通指南

● 那霸機場

　　沖繩那霸機場共有三個航廈，國內線航廈、國際線航廈，以及 LCC 航廈，LCC 航廈距離較遠。台灣飛往沖繩那霸機場的航空公司中，華航、長榮、虎航都是停靠國際線航廈，而香草、樂桃則是停靠 LCC 航廈。LCC 航廈因為距離比較遠，必須搭乘接駁車到國內線航廈 4 號巴士乘車處下車，回程前往 LCC 航廈，也是必須在國內線航廈 4 號巴士乘車處等接駁。

　　抵達沖繩那霸機場後，必須前往國內線航廈，國際線航廈二樓有空橋可以直達國內線航廈，再轉乘沖繩市區輕軌電車，或是前往搭乘租車公司接駁車等，大榮租車 DTS 會在國際線航廈等候旅客，專門服務台灣旅客！

● 從那霸機場到市區的交通

　　從沖繩那霸機場到市區的交通非常簡單，可以選擇自駕、輕軌列車、機場巴士。

輕軌列車

從國內線航廈二樓沿著指標前往搭乘，去市區方便，票價便宜。距離國際通最近的輕軌站，為牧志站、美榮橋站、縣廳前站；距離新都心最近的輕軌站為おもろまち站（omoromachi 站）。

機場巴士

那霸機場搭乘巴士前往市區，有兩種巴士，利木津巴士以及一般巴士，乘車處都位於國內線航廈機場大廳一樓處。不少沖繩本島中北部度假飯店，都有利木津巴士停靠站，對於不敢自駕的旅客，搭乘利木津巴士也是不錯的選擇！

沖繩大部份熱門景點，一般巴士都有路線可以抵達，但因為班次不多，建議可以先查詢沖繩巴士官網，確認路線和搭乘時間。

利木津巴士必須先到國內線旅客航廈 1 樓的利木津巴士服務台購買，回程票券則在各大飯店櫃台；另外沖繩輕軌電車「旭橋站」前的那霸巴士總站也可購買車票，因並非預約制，每班次通常為 30 分鐘到 2 個小時不等，班次時間不一定，建議提早抵達，以免旺季時遇到滿位的狀況。

沖繩巴士

那霸機場官方網站
巴士詳細資訊

> 利木津巴士有抵達的飯店：月亮海灣宜野灣飯店、拉古納花園飯店、THE BEACH TOWER OKINAWA、VESSEL 賓館 CAMPANA 沖繩、沖繩北谷希爾頓度假飯店、Hotel Moon Beach、ANA 萬座海濱洲際酒店、沖繩蒙特利水療度假酒店、卡福度假公寓大酒店、沖繩太陽碼頭喜來登度假酒店、麗山海景皇宮度假酒店谷茶灣、沖繩喜璃癒志海灘度假海洋 SPA、The Busena Terrace BEACH RESORT、沖繩萬豪度假酒店、沖繩麗思卡爾頓酒店、喜瀨 BEACH PALACE、Hotel Resonex 名護、Centurion Hotel 沖繩美麗海、Orion 本部度假 SPA 飯店

● 自駕

沖繩本島說大不大，說小不小，地形狹長，大致上以北部、中部、南部地區、那霸市中心這四區為主，另外還有許多離島，包含可以開車抵達的古宇利島、瀨底島等，或是需要搭船、搭飛機才可抵達的久米島、八重山群島等。以人口最密集、最繁榮的那霸市區來說，有非常方便的輕軌電車，可以從那霸機場直達國際通。另外那霸人氣的觀光景點首里城、那霸最知名的親子公園奧武山公園，以及那霸新都心、AEON MALL 等逛街景點，都可搭乘輕軌電車到達。

除了輕軌電車外，也有計程車、公車等交通工具，如果要前往南部、中部、北部地區景點的朋友，會建議在台灣先換好日文駕照譯本，到當地租車自駕，也可以採取包車方式前往各大觀光景點！

沖繩從南到北開車需要大約 2 小時左右，建議行程可以依照北部、中部、南部、那霸來區分，並且依照行程、景點來選擇居住飯店的位置，這樣就不會舟車勞頓，來回重複開車，浪費旅途時間。走到哪、開車到哪、玩到哪、住到哪，這是最棒的旅程！所以整體來說自駕是沖繩親子遊最方便的交通方式。若是需要搭乘公車，則需查詢好時間、班次、路線、發車時間，以免錯過，又需要花費更多等待時間。

那霸市區輕軌路線與搭乘方式

　　沖繩輕軌從那霸機場到 Tedako 浦西共 19 站，2019年 10 月延伸至浦添市，軌道總長度也跨出那霸市區。從第一站至最後一站約 37 分鐘即可到達，大人票價230 日圓、小孩 120 日圓。建議在那霸市區旅行行動的朋友，只要一天搭超過三次，即可購買一日券、兩日券使用最划算。

　　Yui Rail 沖繩都市輕軌電車平日首發車為 6:00，從那霸空港發車，末班車為 23:30；從 Tedako 浦西站發車則是 5:20，末班車一樣為 23:30。尖峰上班時間約每 7 分鐘一班車，但離峰時間大約要 10～15 分鐘左右才有一班車，建議搭乘輕軌電車先查詢車次表每班車抵達時間，以免等待過久！

一日券：大人 800 日圓、小孩 400 日圓。
兩日券：大人 1400 日圓、小孩 700 日圓。

未滿 12 歲者車票半價，未滿 6 歲兒童在 1 名大人陪同下，最多以 2 名兒童為限免費搭乘，購票起 24 小時（48 小時）內有效，適用於全區間，可不限次數搭乘。

時	平日 下線（首里方向）	星期六日、假日 下線（首里方向）
5		
6	00 12 24 32 38 44 50 56	00 12 24 36 48
7	02 08 14 19 23 27 31 35 39 43 47 51 56	00 12 24 35 45 55
8	01 06 12 17 22 29 37 45 53	05 15 25 35 45 55
9	01 09 17 25 35 45 55	05 15 25 35 45 55
10	05 15 25 35 45 55	05 15 25 35 45 55
11	05 15 25 35 45 55	05 15 25 35 45 55
12	05 15 25 35 45 55	05 15 25 35 45 55
13	05 15 25 35 45 55	05 15 25 35 45 55
14	05 15 25 35 45 55	05 15 25 35 45 55
15	05 15 25 35 45 55	05 15 25 35 45 55
16	05 15 25 32 38 44 50 56	05 15 25 35 45 55
17	02 08 14 20 26 32 38 44 50 56	05 15 25 35 45 55
18	02 08 14 20 26 32 38 44 50 56	05 15 25 35 45 55
19	02 08 14 20 26 32 38 46 54	05 15 25 35 45 55
20	02 10 18 26 34 42 50 58	06 18 30 42 54
21	08 18 28 38 48	06 18 30 42 54
22	08 18 28 38 48	06 18 30 45
23	00 15 30	00 15 30
0		

- 搭輕軌玩沖繩最佳路線圖

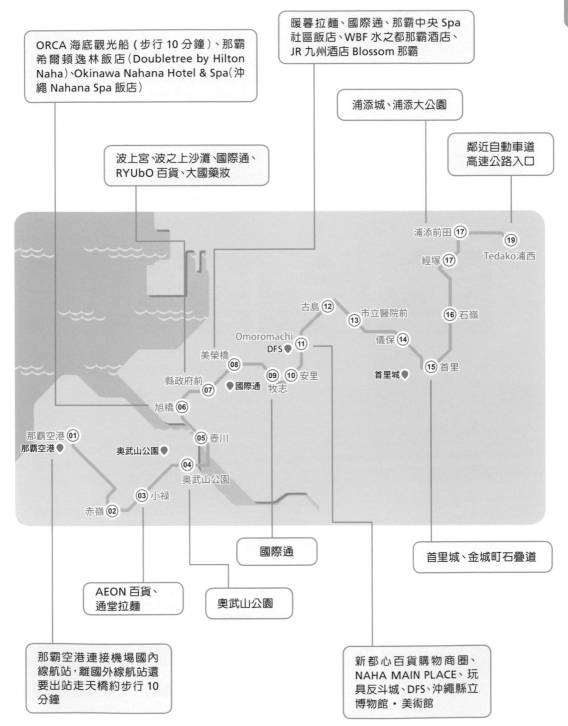

暖暮拉麵、國際通、那霸中央 Spa 社區飯店、WBF 水之都那霸酒店、JR 九州酒店 Blossom 那霸

ORCA 海底觀光船（步行 10 分鐘）、那霸希爾頓逸林飯店（Doubletree by Hilton Naha）、Okinawa Nahana Hotel & Spa（沖繩 Nahana Spa 飯店）

浦添城、浦添大公園

鄰近自動車道高速公路入口

波上宮、波之上沙灘、國際通、RYUbO 百貨、大國藥妝

浦添前田 ⑰　　　⑲　Tedako 浦西

經塚 ⑰

古島 ⑫　　市立醫院前　　　⑯ 石嶺

⑬

Omoromachi　　　　　儀保 ⑭
DFS ● ⑪

美榮橋　　　　　　　　⑮ 首里
⑧

縣政府前　　　⑨ ⑩ 安里　　　首里城 ●　　⑮ 首里
⑦ ● 國際通　牧志

旭橋 ⑥

那霸空港 ①　　　　⑤ 壺川
那霸空港 ●　奧武山公園 ●

④
奧武山公園

③ 小禄
赤嶺 ②

國際通

首里城、金城町石疊道

AEON 百貨、通堂拉麵

奧武山公園

那霸空港連接機場國內線航站，離國外線航站還要出站走天橋約步行 10 分鐘

新都心百貨購物商圈、NAHA MAIN PLACE、玩具反斗城、DFS、沖繩縣立博物館・美術館

6天5夜親子遊最佳行程

Day 1

那霸國際機場　—　ポークたまごおにぎり 北谷美國村店　—　大榮旅遊 DTS 租車　—　泊港魚市場　—　ORCA 海底觀光船　—　奧武山公園　—　NAHA MAIN PLACE 購物商場　—　玩具反斗城（新都心）　—　新都心購物商圈　—　宇宙歌町站公寓

Day 2

DINO 恐龍 PARK 山原亞熱帶之森　—　名護鳳梨園　—　OKINAWA 水果樂園　—　名護 AEON MALL　—　名護驚安的殿堂 唐吉訶德　—　Kanucha resort 卡努佳度假村

Day 3

美麗海水族館　　　　備瀨福木林道　　　　本部元氣村海豚交流體驗各種項目　　　　全日空萬座海濱洲際酒店

Day 4

真榮田岬浮潛　　　萬座毛　　　泡瀨漁港　　　黑潮公園　　　美國村逛街　　　沖繩坎帕納船舶飯店

Day 5

製冰 DIY　BLUE SEAL ICE PARK

宜野灣海濱公園

Round 1 室內保齡球館、兒童館

永旺夢樂城沖繩來客夢

沖繩南海灘度假飯店

Day 6

沖繩世界文化王國

波布毒蛇博物館公園

鐘乳石王國村玉泉洞

CHURA 島自助餐

CAVE Cafe 洞穴咖啡廳

Ashibinaa Outlet

還車返回機場

5 天 4 夜親子遊最佳行程

Day 1

那霸國際機場 ○ 北谷美國村店 ポークたまごおにぎり ○ 大榮旅遊 DTS 租車 ○ 平和祈念公園 ○ 奧武島 ○ 新原海灘 ○ Cafe 薑黃花 ○ 住宿 JR 九州酒店 Blossom 那霸 ○ 企鵝居酒屋 Penguin Bar Fairy

Day 2

中城公園 ○ 琉京甘味 ○ 安良波公園 ○ 美國村逛街 ○ 日落海灘 ○ 沖繩坎帕納船舶飯店

Day 3

北谷美國村店
ポークたまごおにぎり

沖繩美麗海水族館

瀨底大橋、橋下沙灘

瀨底海灘

Ice Cream Café ARK

沖繩東方 SPA 度假村飯店
（Oriental Hotel Okinawa
Resort & Spa）

Day 4

部瀨名海中公園、海中展望塔、玻璃船

泡瀨漁港

殘波岬

殘波岬溜滑梯公園

北谷拉根特飯店
La' gent Hotel Okinawa Chatan

Day 5

沖繩縣綜合運動公園

永旺夢樂城沖繩來客夢

還車

前往機場

4 天 3 夜親子遊最佳行程

Day 1

大榮旅遊 DTS 租車 ─ Gusukurodo Park ─ CAVE Cafe 洞穴咖啡廳 ─ 沖繩世界文化王國 ─ 玉泉洞 ─ 波布毒蛇博物館公園 ─ Hotel Aqua Citta Naha by WBF ─ 國際通 ─ Penguin Bar Fairy ─ 企鵝居酒屋

Day 2

DINO 恐龍 PARK 山原亞熱帶之森 ─ 古宇利大橋 ─ Fukurabi 親子餐廳 ─ Ti-nu 海灘 ─ 渡海海灘 ─ 古宇利海洋塔 Kouri Ocean Tower ─ 麗山海景皇宮度假酒店谷茶灣

Day 3

若夏公園 ── 劇院甜甜圈 THEATER DONUT CAFE ── 沖繩兒童王國 Okinawa Zoo &Musuem ── 海族工房 Umizoku Kobo ── 那霸中央 Spa 社區飯店

Day 4

泊港魚市場大啖海鮮 ── ORCA 海底觀光船 ── 首里城 ── 首里金城町石疊道 ── Ashibinaa outlet ── 還車 ── 那霸機場

行前準備

步驟一：申辦孩子的第一本護照

帶孩子出國最重要的就是護照，前往日本不需要簽證，只要有護照，即可出入境！辦理護照有兩個方式：1. 請旅行社代辦 2. 自行準備齊全資料到外交部辦理，許多廉航在預定機票時，有設定護照必須有 6 個月以上的效期，才可以預訂廉航機票。大人的護照有 10 年效期，小朋友護照僅有 5 年效期，所以建議一定要確認護照效期。首次申辦護照，必須親自帶著小孩，前往外交部領事館或是外交部中部、南部、雲嘉南、東部辦事處申辦。若是請旅行社、他人代辦，則必須前往戶籍所在地的戶政事務所，填寫普通護照申請書，並且「人別確認」後，將所有相關文件、護照申請書交由代辦人，因為一般請旅行社代辦護照，會有一筆代辦服務費！

● 辦理護照四個步驟

| 1. 列印申請書 | 2. 填寫申請書 | 3. 領號碼牌 | 4. 繳費送件 |

● 首次申辦護照證件準備

❶ 身分證正本及正、反面影本各一份

❷ 白底彩色照片二張

❸ 18 歲以下者須備父或母或監護人之身分證正本及正、反面影本各一份

❹ 首次申請普通護照（即第 1 次申請普通護照，以前未曾申辦過）必須本人親自至領事事務局或外交部中、南、東部或雲嘉南辦事處辦理；或向全國任一戶所辦理人別確認後，始得委任代理人續辦護照。

資料來源：外交部

● 官網預約辦理申請護照

可以先上外交部官網上預約辦理申請護照，10 天內的時段都能選擇，預約時，直接在填寫資料表格，預先上官網申請的方式，可以省去不少排隊時間！

外交部領事事務局護照
申辦相關事項網頁

外交部領事事務局各地辦事處

外交部領事事務局

地址　　台北市中正區濟南路 1 段 2 之 2 號 3 ～ 5 樓

電話　　護照查詢專線（02）2343-2807、2342-2808
　　　　文件證明查詢專線（02）2343-2913、2343-2914

服務時間　星期一～五 8:30 ～ 17:00（中午不休息，每星期三延長時間至 20:00）。
　　　　　星期六日、國定假日沒有上班。

外交部中部辦事處

地址　　台中市南屯區黎明路 2 段 503 號 1 樓

電話　　（04）2251-0799

服務時間　星期一～五 8:30 ～ 17:00（中午不休息，每星期三延長時間至 20:00）。
　　　　　星期六日、國定假日沒有上班。

外交部雲嘉南辦事處

地址　　嘉義市東區吳鳳北路 184 號 2 樓之 1

電話　　（05）225-1567

服務時間　星期一～五 8:30 ～ 17:00（中午不休息，每星期三延長時間至 20:00）。
　　　　　星期六日、國定假日沒有上班。

外交部南部辦事處

地址　　高雄市苓雅區政南街 6 號 3-4 樓

電話　　（07）715-6600

服務時間　星期一～五 8:30 ～ 17:00（中午不休息，每星期三延長時間至 20:00）。
　　　　　星期六日、國定假日沒有上班。

外交部東部辦事處

地址　　花蓮縣花蓮市中山路 371 號 6 樓

電話　　（03）833-1041

服務時間　星期一～五 8:30 ～ 17:00（中午不休息，每星期三延長時間至 20:00）。
　　　　　星期六日、國定假日沒有上班。

步驟二：如何訂到便宜的沖繩機票

現在國內廉價航空班機多，沖繩機票也相對便宜，常常可以搶到一人來回 3000 ～ 4000 台幣的機票價格。我通常都是使用 Skyscanner app 比價、查詢機票，看比價出來的機票，哪一家航空公司便宜，就會訂購哪間。有時候各大廉價航空也會不定期推出優惠，虎航下殺、樂桃促銷等，都是搶購前往沖繩機票最划算的時候。另外華航、長榮航空提早訂購，也可以挖掘到一些非常優惠的價格，來回大約 8000 元左右的機票。

訂票前，記得查詢出發地（松山、桃園、台中、高雄），並且再次確認出發時間、預定回程時間，廉價航空的機票，行李有包含、或是不包含行李，建議訂購時都需要再次確認，以免到機場發現，沒有購買行李或是行李重量預定不夠的狀況！

如果懶得自己訂機票、飯店，也可以透過旅行社代訂機＋酒的服務。

| 華航 | 長榮 | skyscanner | 樂桃航空 | 虎航 |

• 小孩搭傳統航空注意事項

帶 2 歲以下的嬰幼兒出國，雖然比較累、行李要帶的東西也多又重！但機票錢卻相當便宜，接近大人機票的 1/10。

❶ 嬰幼兒計算以搭乘當天未滿 2 歲來計算。

❷ 若一個大人帶兩個 2 歲以下嬰幼兒，第二名嬰兒就無法享有嬰幼兒優惠，必須購買 2 歲以上兒童機票來計算，滿 2 歲後的機票大約是成人票價的 75 折，需佔位。

❸ 傳統航空公司規定，一位成人旅客可攜帶一名兩歲以下嬰幼兒，建議提早 check in，一般航空公司都會安排坐前排的座位，並詢問是否提供掛籃，起飛降落時，父母必須將嬰幼兒抱在手上，飛機巡航階段期間，則可以放置在掛籃中。

❹ 建議爸媽們在預定機位時，要確認攜帶嬰幼兒，並提出需要配置掛籃位置，這項服務基本上是免費，但因為掛籃數量有限，建議可以提早申請。

❺ 每家航空公司的嬰兒掛籃長度、重量限制都不同，建議可以上每家航空公司官網查詢。

❻ 出發前 3 天，記得向航空公司預定嬰兒餐、兒童餐，通常會針對 2 歲以下嬰兒提供特殊的嬰兒餐。

❼ 因為航程短，傳統航空不一定會提供兒童餐、正餐，通常以點心替代為主，建議出發前確認清楚，並帶齊嬰幼兒食物、奶粉。

❽ 一般攜帶兒童，傳統航空空姐都會提供小玩具、兒童用品（畫冊、彩虹筆、益智玩具），像日本航空、ANA 航空，還會提供尿布。

掛籃

機上玩具

● 小孩搭廉價航空注意事項

廉航成人機票優惠，但帶嬰幼兒出門，難免大包小包、還要加上一個媽媽包，不太可能輕裝出發，必須加購行李，加上虎航、樂桃等廉航都有規定手提行李的件數、重量，行李裝滿了尿布、奶粉等嬰幼兒物品，其實一不小心就會超過重量限制。

❶ 有些廉價航班嬰兒乘客數有限制，超過限制就無法訂購嬰兒票。

❷ 廉價航空沒有嬰幼兒餐點，爸媽們需自行準備。

❸ 廉價航空特價期間，很容易遇到成人機票價比嬰兒票價便宜。

❹ 廉價航空座位偏小，帶嬰幼兒搭乘，空間相對也比較擁擠。

❺ 2 歲以上的票價就如同成人機票。

❻ 相對來說，會建議 2 歲以上再選擇廉價航空搭乘。

❼ 飛往沖繩的廉航以虎航、樂桃航空為主，虎航可以免費運送嬰兒推車，但樂桃則需算另外購買托運行李。

❽ 虎航規定：滿 2 歲的兒童必須在航程中佔用一個機位，且需支付全額機票價格、稅收及費用（可免費托運一件嬰兒推車，建議攜帶嬰兒車尺寸不超過 105x85x35cm 或重量 10 公斤以內為優先）。

步驟三：挑選沖繩超值飯店推薦

沖繩超值飯店推薦，10 ～ 18 歲以下兒童不加床免住宿費！

　沖繩親子遊，最擔心的莫過於訂購親子飯店，床舖不夠睡、空間不夠大等狀況，另外每一間飯店的規定都不大相同，一般飯店都是規定 5 歲以下小朋友入住，不加床可免費入住。當然訂房會特別選擇兩張加大單人床可以併在一起的飯店外，也開始研究 10 ～ 18 歲以下青少年、嬰幼兒，在不加床的狀況下，可以免費入住的飯店，意外發現沖繩還不少間！雖然以沖繩那霸市區飯店比較多，推薦除了飯店外，家族旅遊可以多選擇海濱公寓、villa 別墅等，人多算下來反而更省錢呢，另外也收錄適合攜帶 5 ～ 6 歲幼兒入住免收費的親子飯店。

阿札特飯店（Hotel Azat Naha）
- 地址：沖繩縣那霸市 2-8-8 Anasati 902-0067
- 地鐵站：安里站走路 2 分鐘

單人房　雙人房　雙床房　三人房　四人房　兒童免費：12 歲以下

沖繩縣廳前大和 ROYNET 飯店
（Daiwa Roynet Hotel Okinawa-Kenchomae）
- 地址：沖繩縣那霸市泉崎 1-11-2
- 地鐵站：旭橋站、縣廳前站走路 3 分鐘

單人房　雙人房　雙床房　兒童免費：11 歲以下

WBF ART STAY 那霸飯店（Hotel WBF Art Stay Naha Kokusai-dori）
- 地址：沖繩縣牧志 1-3-43
- 地鐵站：美榮橋站走路 5 分鐘、牧志站走路 7 分鐘

雙人房　雙床房　兒童免費：6 歲以下

WBF 水之都那霸酒店（Hotel Aqua Citta Naha by WBF）
- 地址：沖繩縣那霸市前島 3-2-2
- 地鐵站：美榮橋站走路 5 分鐘

雙人房　雙床房　兒童免費：5 歲以下

那霸日航都市飯店（Hotel JAL City Naha）
- 地址：沖繩縣那霸市牧志 1 丁目 3 番 70 號
- 地鐵站：美榮橋站走路 8 分鐘

雙人房　雙床房　兒童免費：6 歲以下

那霸格拉斯麗飯店（Hotel Gracery Naha）

- 地址：沖繩縣那霸市松尾 1-3-6
- 地鐵站：縣廳前站走路 8 分鐘

| 單人房 | 雙人房 | 雙床房 | 三人房 | 兒童免費：6 歲以下 |

Annesso 牧志公寓式飯店（Condominio Makishi Annesso）

- 地址：沖繩縣那霸市牧志 2-7-2-2
- 地鐵站：牧志站走路 2 分鐘

| 雙床房 | 三人房 | 兒童免費：5 歲以下 |

艾斯汀納特飯店（ESTINATE HOTEL）

- 地址：沖繩縣那霸市松山 2-3-11
- 地鐵站：美榮橋站走路 8 分鐘

| 單人房 | 雙人房 | 雙床房 | 三人房 | 四人房 | 兒童免費：5 歲以下 |

那霸沖繩凱悅酒店（Hyatt Regency Naha Okinawa）

- 地址：沖繩縣那霸市牧志 3-6-20
- 地鐵站：牧志站走路 8 分鐘

| 雙人房 | 雙床房 | 兒童免費：12 歲以下 |

那霸東急 REI 飯店（Naha Tokyu REI Hotel）

- 地址：沖繩縣那霸市旭町 116-37
- 地鐵站：旭橋站走路 5 分鐘

| 單人房 | 雙人房 | 雙床房 | 兒童免費：11 歲以下 |

沖繩麗嘉皇家酒店 GRAN（RIHGA Royal Gran Okinawa Hotel）

- 地址：沖繩縣那霸市旭町 1-9
- 地鐵站：旭橋站走路 5 分鐘

| 雙人房 | 雙床房 | 兒童免費：6 歲以下 |

西鐵 Resort Inn 那霸（Nishitetsu Resort Inn Naha）

- 地址：沖繩縣那霸市久米 2 丁目 3-13
- 地鐵站：縣廳前站走路 4 分鐘

| 單人房 | 雙人房 | 雙床房 | 兒童免費：6 歲以下 |

那霸新都心法華俱樂部飯店（Hotel Hokke Club Naha Shintoshin）
- 地址：沖繩縣那霸市おもろまち 4-3-8
- 地鐵站：歌町站走路 5 分鐘

單人房　雙人房　雙床房　兒童免費：5 歲以下

自由花園飯店（Libre Garden Hotel）
- 地址：沖繩縣那霸市おもろまち 4-17-27
- 地鐵站：歌町站走路 5 分鐘

單人房　雙人房　雙床房　兒童免費：11 歲以下

那霸歌町大和 ROYNET 飯店
- 地址：沖繩縣那霸市おもろまち 1-1-12
- 地鐵站：歌町站走路 5 分鐘

單人房　雙人房　雙床房　三人房　兒童免費：12 歲以下

那霸東町 GRG 飯店
- 地址：沖繩縣那霸市東町 6-16 號
- 地鐵站：旭橋站走路 5 分鐘

單人房　雙人房　雙床房　兒童免費：10 歲以下

東橫 INN 沖繩那霸際通美榮橋站
- 地址：沖繩那霸市牧志 1-20-1
- 地鐵站：美榮橋站走路 3 分鐘

單人房　雙人房　雙床房　兒童免費：11 歲以下

東橫 INN 沖繩那霸新都心 Omoromachi
- 地址：沖繩縣那霸市おもろまち 1-6-6
- 地鐵站：歌町站走路 5 分鐘

單人房　雙人房　雙床房　兒童免費：11 歲以下

沖繩飯店東橫 INN 沖繩那霸旭橋站前
- 地址：沖繩縣那霸市久米 2-1-20
- 地鐵站：旭橋站走路 2 分鐘

單人房　雙人房　雙床房　兒童免費：11 歲以下

沖繩 Vessel Campana

• 地址：沖繩縣中頭郡北谷町字美浜 9 番地 22

| 雙人房 | 雙床房 | 三人房 | 四人房 | 兒童免費：18 歲以下 |

美濱烏托邦旅館 (Utopia Mihama)

• 地址：沖繩縣中頭郡北谷町美濱 2-6-4

| 雙人房 | 雙床房 | 兒童免費：11 歲以下 |

美麗海村公寓 (Condominium Churaumi Village)

• 地址：沖繩本部 Toyohara 253-7

| 雙人房 | 雙床房 | 四人房 | 兒童免費：12 歲以下 |

（備註：以上住宿 QR，請先下載 agoda app）

步驟四：租車自駕須知

來到沖繩大多數的人都會選擇自駕，到底是有什麼魅力讓人如此著迷呢？因為在沖繩開車非常簡單，沒有機車橫衝直撞、停車方便、地名路標都是漢字。沖繩的電車只有在市區一小部分，所以自己開車，行程規劃不受限制，可以非常彈性且多樣化，想去哪就去哪，讓你整趟旅行既輕鬆又好玩！

● 上路需知

沖繩駕駛是右駕，車子是靠左行駛，跟台灣是相反的，但不用太擔心，日本人開車的習慣非常好，不會常常變換車道，都會禮讓其他車輛，比較不適應的就是方向燈跟雨刷也是相反的，常常要轉彎時會打到雨刷。沖繩停車也是非常方便，便利商店、超市、服飾店、餐廳等都會有停車場可以停車，如果像國際通市區內的話，周邊也有很多停車場提供停車。

● 保險及補償

出門在外，最怕的就是發生交通事故，所以保險非常重要，千萬不要為了省小錢，而發生事情花了大錢。如果車禍造成第三者或是車輛的損壞，都是顧客自己需要賠償的，所以為了減低賠償損失，列出幾種常見的保險：

免責賠償

發生事故時，僅需要負擔部分的費用，大部分租車公司的租車方案都已經包含免責賠償，各家的內容不太一樣，以各公司公布為準，以下舉 ORIX 租車賠償制度給各位參考。

對人	每 1 位上限	無上限
對物	每 1 件事故的賠償上限	無上限（自負額 5 萬日圓）
車輛	每 1 件事故的賠償上限	時價（自負額：中型箱型貨車、架裝車、中型巴士 10 萬日圓；兩噸以上的卡車、四門卡車 7 萬日圓、其他類型 5 萬日圓）
體傷賠償	每 1 位最高理賠金額	3,000 萬日圓 乘客因車禍受傷（包括死亡、後遺症）時，無論歸咎於駕駛者的過失程度輕重，一律理賠乘客之損害額。損害額由保險公司依保險條款的規定基準核定。

也要注意有幾種狀況是不適用賠償制度，像是酒後駕車、無照駕駛、未繫安全帶、不當操作、發生事故沒報警、超載等違規事件。

營業損失賠償（NOC）

如果發生事故，租賃的車子需要維修，即使已經有免責賠償制度，但維修期間還是要賠償營業損失的部分，建議加購安心保險會更安心。

車輛能夠返還至預定的還車營業所時（車輛可行駛的情況）	20,000 日圓
車輛無法返還至預定的還車營業所時（車輛無法行駛的情況）	50,000 日圓

安心保險

事故發生後，可免除 NOC 補償，還有輪胎發生的問題、中途解約或延期還車。

免除 NOC 補償	當事故發生時，由客人負擔的 NOC 補償（營業補償費 2 萬或 5 萬日圓）部分可得到免除
免除輪胎費用	可對應各種輪胎問題
中途解約	租車中途還車也無需支付解約手續費
可延遲還車	因交通堵塞等原因不能按時還車時，只要在預訂還車時間提前 1 個小時聯繫營業所，即可免費延長租車時間 1 個小時（以預定還車營業所的營業時間為準）

• 自駕 Step by Step

了解上路需知及保險賠償後，就可以開始你的自駕之旅了！

Step1：準備駕照正本及日文譯本

在日本租車，台灣人只要台灣駕照正本及日文譯本就可以了，不需要國際駕照，是不是非常簡單啊！日文譯本去各大監理站都可以辦理，一份譯本的費用是 100 元，一定要記得帶著駕照正本跟日文譯本唷，如果少帶其中一樣就沒有辦法租車！

Step2：預約租車公司

準備好了日文譯本之後，接下來就是預定租車了，推薦幾個我使用過的租車公司給大家：

❶ OTS 租車：中文服務比其他日本租車公司要好，接駁車就在國際航廈出口，店內也有中文服務的人員講解日本道路規則跟注意事項，可以甲地租車、乙地還車。OTS 的車也非常新，車況都很好，適合第一次來沖繩自駕的朋友。

❷ DTS 租車：台灣大榮旅遊設立的租車公司，接駁車也是在國際航廈出口，比 OTS 的優點是全中文服務，都是台灣人在應答，對於日本道路的規則、注意事項到景點美食都可以問得很清楚，還有 line 可以加入工作人員，有遇到什麼狀況，都能馬上反應得到解決，但只有一個營業處可還車。

❸ Tabirai 比價網（日文）：比較日本各大租車公司的價格，優點就是可以搶到最優惠的價格，因為是國內的租車公司，接駁車就在沖繩國內航廈出口，從國際航廈出口走過去約 7 分鐘。

	OTS 租車	DTS 租車	Tabirai 比價網
中文服務	有	有	較少
接駁車	國際航廈出口	國際航廈出口	國內航廈出口
車況	兩年內新車	兩年內新車	兩年內新車
甲地租乙地還	有	無	有
中文導航	有	有	有

Step3：上網預訂租車流程

租車、還車地點

取車可以選擇從機場或是到市區的營業所，機場的接駁車都是免費的，還車的地點可以看回程的班機時間做考量，如果回程班機是下班時間的話，建議要預留多一點的時間去機場，避免因為塞車而耽誤班機的時間。我們最常在市區還車後，直接搭電車到機場。如果想要在市區還車的話，像國際通附近美榮橋站或歌町站旁的 DFS 百貨是不錯的選擇，記得還車前要把油加滿，把發票給工作人員檢查。

❶ OTS 租車流程

1. 先上官網：https://www.otsinternational.jp/otsrentacar/cn/

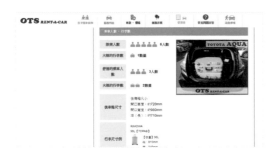

2. 選擇租車方案

3. 租車方案內容車輛資訊

4. 租車、還車地點選擇及其他注意事項

5. 保險選擇及其他用品加購

6. 輸入個人資料

---

❷ DTS 租車流程

1. 先上 DTS 官網：
https://www.gogojp.com.tw/car/

2. 租車方案選擇

3. 方案價格說明

4. 保險內容及注意事項

5. 保險內容比較

6. 輸入個人訊息

❸ Tabirai（日文版）租車流程，日文版較中文版車輛選擇多且價格優惠

1. 先上 Tabirai 日文官網：http://www. tabirai.net/，選擇租車預約

2. 輸入租車日期及地點

3. 選擇租車方案

4. 方案內容說明，看不懂日文可以用 google 翻譯一下，早割是日文版才有的優惠，像免責補償及機場接送都已經包含在費用裡了

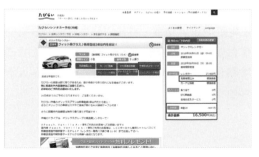

5. 還車地點選擇

6. ETC、嬰幼兒安全座椅、安心險加購

7. 輸入個人資料，名字的部分輸入英文即可

取車時，須先檢查車子狀況，有問題即時反應

● 到達景點的準備

　　拜 GPS 的高科技所賜，讓自由行自駕變得容易，只要設定好車用導航，就能帶你去想去的地點，大部分外國人配到的車子都有中文語音導航，但如果沒有也不用緊張，日文介面幾乎都是漢字，操作非常簡單。一般輸入導航都用電話或是 Mapcode，個人建議 Mapcode 比電話號碼更精準，有曾經發生過兩個景點的電話號碼是相同的，也有過輸入完電話號碼地點是錯的。Mapcode 官網：https://www.mapion.co.jp/

親子飯店民宿推薦

**北部
本部町**

沖繩美麗海世紀酒店
Royal View Hotel Churaumi
ロイヤルビューホテル美ら海

　　如果你想在沖繩北部尋找一間擁有絕美海景的親子飯店，那位於沖繩美麗海水族館旁的沖繩美麗海世紀酒店，絕對是首選。沖繩美麗海世紀酒店的房間，就可以欣賞無敵海景和伊江島全景，飯店擁有花園泳池、兒童遊戲區，最棒的是旁邊緊鄰著世界著名的沖繩美麗海水族館，走路1分鐘就能抵達，另外步行還能到翡翠海灘（Emerald Beach）踏浪戲水！

　　飯店大廳現代而寬敞，輕鬆愜意，充滿度假氛圍！內部專門設置了兒童遊樂區，以大型的空氣彈跳床、大型積木為主，小朋友在這裡玩得不亦樂乎！另外有商店販售泳衣、伴手禮、日用品、飲料，以及還有洗衣房（附設微波爐）。

　　清澈湛藍的花園泳池，讓孩子們在暖洋洋的陽光下暢游，同時享受無邊際的海景，池邊設有舒適的躺椅，無論曬太陽或看書都很愜意。小朋友可以穿著泳衣直接從房間區域的專屬門出入，無需通過前台或大廳！從飯店可以走到翡翠海灘，位於海洋博公園北邊的Ｙ字型海灘，擁有連綿不絕的白色沙灘和漸層碧綠的海水！

Kanucha resort 卡努佳度假村
Kanucha Bay Hotels & Villas
カヌチャリゾート

訂房

　　位於沖繩北部名護的 Kanucha resort 卡努佳度假村，圍繞整座山的度假村，被自然環境包圍著，包含了高級度假型酒店、獨棟的villa，度假村內有9間餐廳、高爾夫球場、3座游泳池、私人海灘、購物商店、教堂。來到卡努佳度假村，租輛高爾夫球車或是搭乘飯店內的接駁車，就可以在度假村玩得非常盡興，完全不用外出找景點，光是在度假村就能享受美味佳餚和悠閒充實的假期！

　　Kanucha resort卡努佳度假村夏天戲水、踏浪，冬天欣賞美麗燈海，無論哪個季節都有活動。每間客房都非常寬敞舒適，每一間套房都有客廳、陽台，以及無敵海景浴缸，挑高的天花板、大面積的落地窗，房間採光、視野都非常棒，進入房間就覺得前所未有的舒適！卡努佳度假村不但提供托嬰兒童服務，另附有嬰兒床、推車租借，還有販售尿布、奶粉，餐廳也有提供兒童餐點，非常適合親子家庭來此度假享受！

訂房

北部 名護

沖繩萬豪度假酒店及水療中心
Okinawa Marriott Resort & Spa, Nago
オリエンタルホテル沖縄リゾート＆スパ

　　沖繩萬豪度假酒店位於名護市附近，飯店設施非常豐富，超級適合沖繩親子遊飯店首選，總共有 6 間餐廳、酒吧、滑水道、室內室外游泳池、spa 水療，居高臨下靠山面海的地形建築，可以欣賞無敵海景，奢華精緻的房間、貼心的服務都讓我們一家感受到無微不至的舒適感。沖繩萬豪度假酒店的私人 karyushi 海灘距離飯店比較遠，但飯店提供免費接送服務，小朋友光是使用飯店的設施、環境，就玩的不亦樂乎。飯店有寬敞的停車場，整棟建築非常氣派。

　　房間空間超級寬敞，飯店知道我們有帶小孩，還特地給了無障礙空間房，滿適合有帶推車的家庭！從透明的大落地窗玻璃，可以清楚看到美麗的海景以及游泳池景觀！雖說是 2005 年開幕的老字號飯店，但比起一般老飯店，沖繩萬豪度假酒店從建築、大廳到房間都相當新穎乾淨，飯店全部的房型都是面海的海景房，超級讚的！設施、房間佈置完全看不出來是一間有歷史的飯店，住起來也相當奢華舒適！

中部
宇麻流市

伊計島度假酒店
AJ Resort Island Ikeijima
AJ リゾートアイランド伊計島

訂房

伊計島度假酒店是沖繩隱藏版超悠閒、好玩的親子飯店，必須沿著海中道路一路開，穿越平安座島、宮城島，來到伊計島最北邊。飯店內有大型溜滑梯遊樂設施、無敵海景游泳池、黑潮溫泉、小型動物園、私人海灘、腳踏車出租，整個飯店環繞在自然環境、四面臨海，美景無限，重點是觀光客非常少，來的幾乎都是日本親子家庭。飯店除了海景房，還有小木屋 villa 別墅。

AJ Hotel 腹地寬敞，擁有非常多親子遊樂設施，停好車後，門口就有免費的足湯可泡。伊計島天然溫泉：黑潮の湯含鹽成分高，

泡起來非常暖和！與一般海景飯店不同的是，這裡的戶外遊樂設施可以媲美沖繩隨便一個兒童公園，寬敞乾淨，雙層超大的兒童溜滑梯遊具，小朋友開心地穿梭其中，爬上爬下。動物園有兔子、迷你馬、山羊，還有許多小型犬，可以餵食小動物！

海景游泳池超大，有兩個游泳池，一個是兒童專用，兩個游池都有溜滑梯，小朋友可以從溜滑梯上溜下來衝進游泳池，非常刺激好玩！除了游泳池，飯店還有一處私房沙灘，沿著步道往沙灘走去，有海角天涯的錯覺，隱藏在懸崖下的一處秘境，旅客可以在此戲水。

沖繩瀨良垣島度假酒店
Hyatt Regency Seragaki Island Okinawa
ハイアットリージェンシー瀨良垣アイランド沖縄

訂房

沖繩瀨良垣島度假酒店是日本第一間濱海凱悅 Hyatt Hotels 於 2018 年 6 月開幕，建造在私人島嶼瀨良垣島上，三面環海，每一間房間都是海景套房！與沖繩本島僅隔一座橋樑，五星級飯店軟硬體設備、加上無敵海景，酒店擁有健身房、室內和室外游泳池，入住後就可以盡享美景、盡情度假！沖繩瀨良垣島度假酒店位於恩納，鄰近萬座毛，與 ANA 全日空萬座海濱洲際酒店隔海相望，另外飯店還有絕美教堂，提供新人來此舉辦婚禮宴客！

因為獨特的地理環境，以及豐富的大自然，整間飯店充滿綠意，可以沿著步道欣賞風光美景，包準入住後就愛上這裡的美好、舒適，以及服務！酒店還有提供許多活動，包含小朋友的彩繪、清晨瑜伽、日落瑜伽、空手道、海邊拔河、手工藝等。

飯店大廳結合沖繩當地特色文化，沉靜、典雅，充滿設計感，每個角落都是美景，彷彿來到美術館一樣，處處充滿了巧思、藝術，讓人忍不住拿起相機連續拍！飯店有數個海水浴場，清澈見底的海水，讓人心曠神怡！漸層的無邊際游泳池真的好美、好浪漫，小朋友玩得好開心！

訂房

中部
恩納

星野集團 BEB5 沖繩瀨良垣

Hoshino Resorts BEB5 Okinawa Seragaki

星野リゾート BEB5 沖繩瀨良垣

BEB5 沖繩瀨良垣是星野集團最新力作，位於沖繩本島的海灘度假勝地瀨良垣，於 2022 年 7 月開幕。附近有知名的瀨良垣漁港、萬座海洋公園、沖繩鑽石海灘、萬座毛、青之洞窟、恩納海浜公園等景點！

BEB5 沖繩瀨良垣是星野集團旗下的青年旅館品牌，以自由為本的公寓式旅館，外觀純白色設計，風格簡約時尚。內部有多元化的設施，包含洗衣房、自助廚房和共用浴室、健身房等，以及各種不同的房型，很適合年輕人、背包客，以及親子家庭！

大廳有 24 小時開放的公共空間 TAMARIBA，依照沖繩古民房為主體設計，擁有大面積、舒適的大型簷廊，旅人可以自在的休憩、歇坐、欣賞窗外景觀。一旁展示櫃也擺放了許多文青用品、在地創意品牌的衣服、夾腳拖等商品販售。另外，還有提供睡衣租借服務。飯店附設的咖啡廳有冰淇淋、窯烤披薩、義大利餐點等，若是懶得出門覓食，也可以直接在餐廳享用美食！

我們很喜歡 BEB5 沖繩瀨良垣，有飯店奢華舒適的氛圍感，又有公寓式酒店的自由愜意，不但房間舒適，又有無邊際泳池暢遊，最棒的就是小廚房的設計，可以自行採買食材下廚，能夠盡情享受沖繩的美好！

中部
恩納

全日空萬座海濱洲際酒店
ANA INTERCONTINENTAL MANZA BEACH RESORT
ANAIC 万座ビーチリゾート（バス）

訂房

沖繩度假飯店中最高檔的全日空萬座海濱洲際酒店，位於恩納村萬座毛對面，飯店建築以像是一座超大郵輪佇立於三面環海的海灣位置，擁有絕美海景、兩座教堂，以及游泳池、親子遊樂園等設施，一整個就是親子家庭度假首選之一。ANA 萬座海濱是恩納村中擁有最佳位置、最美特色、此生必住的超美度假飯店！

整個飯店風格呈現了藍、白色為主的佈置，充滿了地中海風情、海洋風；房間設備齊全又新穎，燈光明亮、採光優質，是最大的賣點！整個房間充滿了海洋氣息，讓人進入房間就覺得非常具有清新感。

中部 恩納

麗山海景皇宮度假酒店谷茶灣
Rizzan Sea-Park Hotel Tancha Bay
リザンシーパークホテル谷茶ベイ

　　麗山海景皇宮度假酒店谷茶灣位於沖繩中部恩納村，是一間對親子友善、擁有私人沙灘、無敵海景的飯店，有室內外游泳池、親子兒童區，飯店寬敞舒適，有多間餐廳，還有專門舉辦夢幻婚禮的美麗教堂。以恩納村海景飯店來說，麗山海景皇宮度假酒店谷茶灣房價算是相當便宜的！一般沖繩旺季恩納飯店都要一晚 8000 台幣以上，但麗山海景皇宮度假酒店谷茶灣只要提前預訂，一晚有機會訂到 3000 台幣的價位。雖說飯店房間的設施比較老舊，但親子設施齊全，還有兒童遊戲區、手作等有趣的活動，重點是飯店的私人沙灘真的是超級美的，想要住無敵海景房，又不想花太多錢，真的非常推薦麗山海景皇宮度假酒店谷茶灣！

沖繩坎帕納船舶飯店
Vessel Hotel Campana Okinawa
ベッセルホテルカンパーナ沖縄

訂房

位於美國村旁的沖繩坎帕納船舶飯店，適合逛街、享受美食、欣賞海景，飯店附近也有超商、超市，生活機能、購物方便！從房間落地窗就可以看到海天一色的海景，飯店大門出來就是浪漫的日落海灘 Sunset Beach，隨時都可以游泳、玩沙，是一間超級適合親子家庭入住的超棒飯店。沖繩坎帕納船舶飯店在 2016 年推出別館，飯店內還有附設天然溫泉 Chulau 湯，以及季節限定頂樓游泳池！0 ～ 18 歲的孩童，只要在不加床的狀況下，都可以免費和父母入住，非常大心！

沖繩坎帕納船舶飯店對兒童、嬰幼兒非常友善，入住可以完全放鬆，是一間超棒的親子飯店。房間兩張大單人床、還有一張沙發床，以及沙發區，房間空間寬敞，將兩張大單人床併起來後，我們兩大一小睡起來超級舒適！

<table>
<tr><td>中部
美國村</td><td><h1>沖繩北谷拉根特飯店、青年旅社</h1>La'gent Hotel Okinawa Chatan / Hotel and Hostel
ラ・ジェント・ホテル沖繩北谷</td></tr>
</table>

訂房

　沖繩北谷拉根特飯店、青年旅社是 2018 年沖繩全新開幕的高檔飯店，位於北谷町美國村，鄰近日落海灘、美國村購物商圈，逛街、品嚐美食、玩沙戲水都可以搞定，交通地理位置、生活機能很方便！飯店設施新穎高檔、設計舒適亮眼，結合背包客棧旅店和飯店，提供雙人房和附設廚房、洗衣機的家庭房型，很適合親子家庭。

　美麗的飯店外觀融合了沖繩、美國文化衝突，飯店旁邊就是海の駅（道路休息站旁），從飯店走出來就可以看到一望無際美麗療癒的海景！走到美國村約 400 公尺，能沿著海邊慢慢散步到美國村購物商圈，最近很夯的 WaGyu Cafe KAPUKA 咖啡廳、Junglila Cafe 帳篷沙灘咖啡廳、琉球的牛北谷店都在飯店附近，選一間無敵海景餐廳欣賞美麗的落日，真的好愜意！

　我們這次選擇入住家庭頂級客房，充滿海洋風的房間，還有一隻大海龜！房間可以睡到 2～5 人，舒適寬敞！背包客棧也有附設交誼空間，飯店提供機場接駁車，以及 Tuktuk 嘟嘟車往返美國村，準備到沖繩親子遊的家庭，千萬不要錯過這間 4 星級的高檔優質飯店。

訂房

那霸
首里

那霸首里城希爾頓逸林酒店
DoubleTree by Hilton Hotel Naha Shuri Castle
ダブルツリー by ヒルトン那霸首里城

　　那霸首里城希爾頓逸林酒店位於沖繩那霸首里老城區，距離古色古香的首里城、首里金城町石疊道距離約 5 分鐘的車程，是最接近世界遺產首里城的五星級飯店。飯店於 2017 年 4 月重新整修開幕，氣派奢華的大廳，現代感十足又寬敞的房間，飯店內有季節限定游泳池、3 間餐廳、便利超商、伴手禮專賣店、髮廊，便利性很高。而延續那霸首里城希爾頓逸林酒店的傳統，入住都會贈送一份秘傳巧克力碎片餅乾，口感香濃酥脆，讓人有賓至如歸的感受！那霸首里城希爾頓逸林酒店，是一間融合了沖繩歷史、文藝氣息，又具有時尚現代感的度假飯店；而佔據於首里山丘上的絕佳位置，打開窗戶就可以欣賞沖繩夜景！櫃檯可免費借用嬰兒車，並且設有租車據點，可於飯店租車取車還車，對於自駕的朋友來說，非常方便，是那霸市區少數的五星級度假親子飯店！

那霸
國際通

JR 九州酒店 Blossom 那霸
JR Kyushu Hotel Blossom Naha
JR 九州ホテル ブラッサム那霸

訂房

JR 九州酒店 Blossom 那霸是 2017 年全新開幕的飯店，位於輕軌美榮橋站 5 分鐘，距離最熱鬧的國際通只需要 1 分鐘，走出飯店就可以享受美食、逛街。飯店寬敞乾淨、設施新穎，雙床的單人床型的房型，很適合親子家庭入住；另外也有三人房，房間非常舒適，打開行李箱還有走道空間。

JR 九州酒店 Blossom 那霸是 JR 九州 HOTELS 株式會社與 ORION 啤酒株式會社共同在沖繩那霸打造的新酒店，主打高級住宿品牌為主，

JR 九州酒店 Blossom 那霸開幕至今已經成為沖繩國際通附近最新地標，充滿現代設計感的線條、明亮的顏色，都讓經過的路人忍不住多看幾眼，整棟建築充滿了明亮時尚感。

典雅舒適的房間，擺放著兩張單人大床，落地窗旁有一區休憩區。地板是純木頭地板，不是地毯，踩起來非常舒服自在！頂樓設置了交誼廳，以及一個欣賞那霸夜景的陽台，可以從交誼廳端杯咖啡，在此一邊飲用一邊欣賞美麗的國際通夜色！

那霸
國際通

WBF 水之都那霸酒店
Hotel Aqua Citta Naha by WBF
ホテル アクアチッタ ナハ by WBF

訂房

2017 年 10 月 21 日開幕的 WBF 水之都那霸酒店，距離美榮橋站只要 5 分鐘，到國際通逛街只要 8 分鐘的路程，逛街非常方便，地理位置便利，新穎舒適的環境，頂樓有景觀游泳池、按摩浴池，還有絕佳夜景的頂樓露天酒吧！一樓餐廳還提供 24 小時飲料、咖啡無限暢飲的迎賓服務，是一間擁有絕佳軟硬體設施、舒適高檔的飯店，很適合親子家庭入住！雖然只有三星級，但舒適的房間，新穎的設備，加上頂樓的游泳池，真的讓我非常推薦！

房間的部分，建議親子家庭可以選擇兩張雙床的房型，另外飯店也有高級雙床房相連客房，兩間房間相連一起的房型。我們兩大一小是入住高級雙床房，房間的兩張單人床已經合併，我們一家入睡很剛好，唯一缺點大概是房間走道有點小，行李打開後，沒有太多空間！

訂房

那霸中央 Spa 社區飯店

那霸
國際通

Community & Spa Naha Central Hotel
コミュニティ＆スパ 那霸セントラルホテル

那霸中央 Spa 社區飯店 Community & Spa Naha Central Hotel 距離國際通 1 分鐘的路程，離輕軌列車美榮橋站約 5 分鐘，地理位置非常方便，老字號的飯店在 2016 年冬天重新改裝開幕，整個飯店設備新穎、軟硬體也非常齊全。飯店內有沖繩罕見的天然溫泉 RIKKARIKKA 湯與 spa，雖說有對外營業，房客進入泡湯也需收費，但位於那霸國際通市中心居然有少見的天然溫泉，非常受到沖繩當地居民的喜愛。

飯店房價在國際通這一級戰區中，算是相當平易近人的，房間佈置精緻，兩張大單人床的房型，可以自行併起來，適合親子家庭！早餐採取 buffet 形式，以在地新鮮食材、沖繩料理為主，種類不多，但也挺可口的，飯店內也有咖啡廳、伴手禮商店、哺乳室、自助洗衣房，以一個晚上台幣 3000 多元的房價來說，那霸中央 Spa 社區飯店無論是地理位置、交通都非常棒，很適合想逛國際通、品嚐美食的朋友。

訂房

那霸 國際通

沖繩吉慶海灘度假海洋溫泉飯店
Okinawa Nahana Hotel & Spa
沖縄ナハナ・ホテル & スパ

沖繩吉慶海灘度假海洋溫泉飯店是四星級的飯店，飯店位於旭橋站附近，地理位置優越，車子停在門口，會有專人代客停車、取車。飯店設施新穎、房間才剛重新裝修過，乾淨舒適又相當大。

衛浴設備很寬敞，免治馬桶、大浴缸，地板使用磁磚地板，跟一般飯店裝套進去的衛浴設備不同，還有溫泉水療讓房客享受！房間有雙人房、三人房、四人家庭房型，對於

親子家庭來說真的是不錯的選擇，附近超商、超市、美食餐廳林立，整個生活機能優越！

沖繩吉慶海灘度假海洋溫泉飯店對於隔天一早必須趕早班機搭乘輕軌電車到機場的旅客，最便利。飯店距離國際通不遠，約十來分鐘，入住後走到國際通逛街、吃美食、購買伴手禮很方便。因為房間有家庭房可以選擇，滿適合親子家庭入住。因距離輕軌站很近，就算沒有自駕的朋友，也是不錯的選擇。

OMO5 沖繩那霸 by 星野集團

OMO5 沖繩那霸 by 星野リゾート

訂房

OMO 是星野集團全新創立的都市觀光飯店品牌，OMO5 沖繩那霸的風格是 OMO 一貫的簡約舒適，以木頭色和灰色系為主要色調，給人一種簡潔而自然，充滿清新舒適的視覺感受。無論是飯店的外觀還是內部裝潢，都充分展現了絕佳的設計理念。飯店門口前那玫瑰香檳銀的 OMO 地標，完全就是最閃亮的風景線。

OMO5 沖繩那霸的地理位置非常便利，走路就可以到國際通逛街，距離縣廳前站只需步行約 5 分鐘，搭車 10 分鐘可到那霸機場。飯店門口就有公車站，附近有 Lawson、7-11 和 FamilyMart 等便利商店，生活機能、覓食、購物、採買都相當方便，來沖繩旅遊很適合安排為第一晚或是最後一晚的飯店！

OMO5 沖繩那霸為 16 層的飯店，一進門有個休憩舒適的交誼空間，還有冰涼的迎賓飲料。OMO5 沖繩那霸附設市區導覽行程，這可是 OMO5 沖繩那霸的一大特色，導覽行程完整匯集那霸市最新好玩的路線，還包含了員工專門推薦的餐廳、特殊景點！旅客可以快速而深入了解沖繩文化與歷史，也能感受到飯店提供超出住宿本身之外的價值追求！

訂房

南部 系滿 沖繩南海灘度假飯店
Southern Beach Hotel & Resort Okinawa
サザンビーチホテル＆リゾート沖縄

　沖繩南海灘度假飯店在沖繩南部系滿市，鄰近瀨長島、那霸市區、機場、outlet，屬於系滿漁港附近的海埔新生地，飯店乾淨新穎，內有室內外游泳池、兒童遊戲室、婚禮教堂，2樓有一座架高的空中水上教堂，在這裡結婚超級浪漫！從飯店走到後方的海濱公園只要5分鐘，房間寬敞，床鋪柔軟舒適，從露台就可以欣賞到超級美麗的無敵海景。因飯店靠近機場，早上可看到不少飛機起飛、降落，戰鬥機、直升機，一整個非常適合飛機迷 。

　對親子家庭來說，因為房間大都以兩張單人床為主的房型，無法併床，所以比較適合年齡大一點的小朋友入住。有嬰幼兒的家庭建議訂房時，要選擇港景豪華尊享房 Deluxe High Floor Harbor View Grande Room 房型，兩張單人床可以併床。整體來說飯店設施多、早餐豐富精緻，很適合選擇自駕的朋友。

（備註：P46 ～ 62 住宿 QR，請先下載 agoda app）

北部親子遊

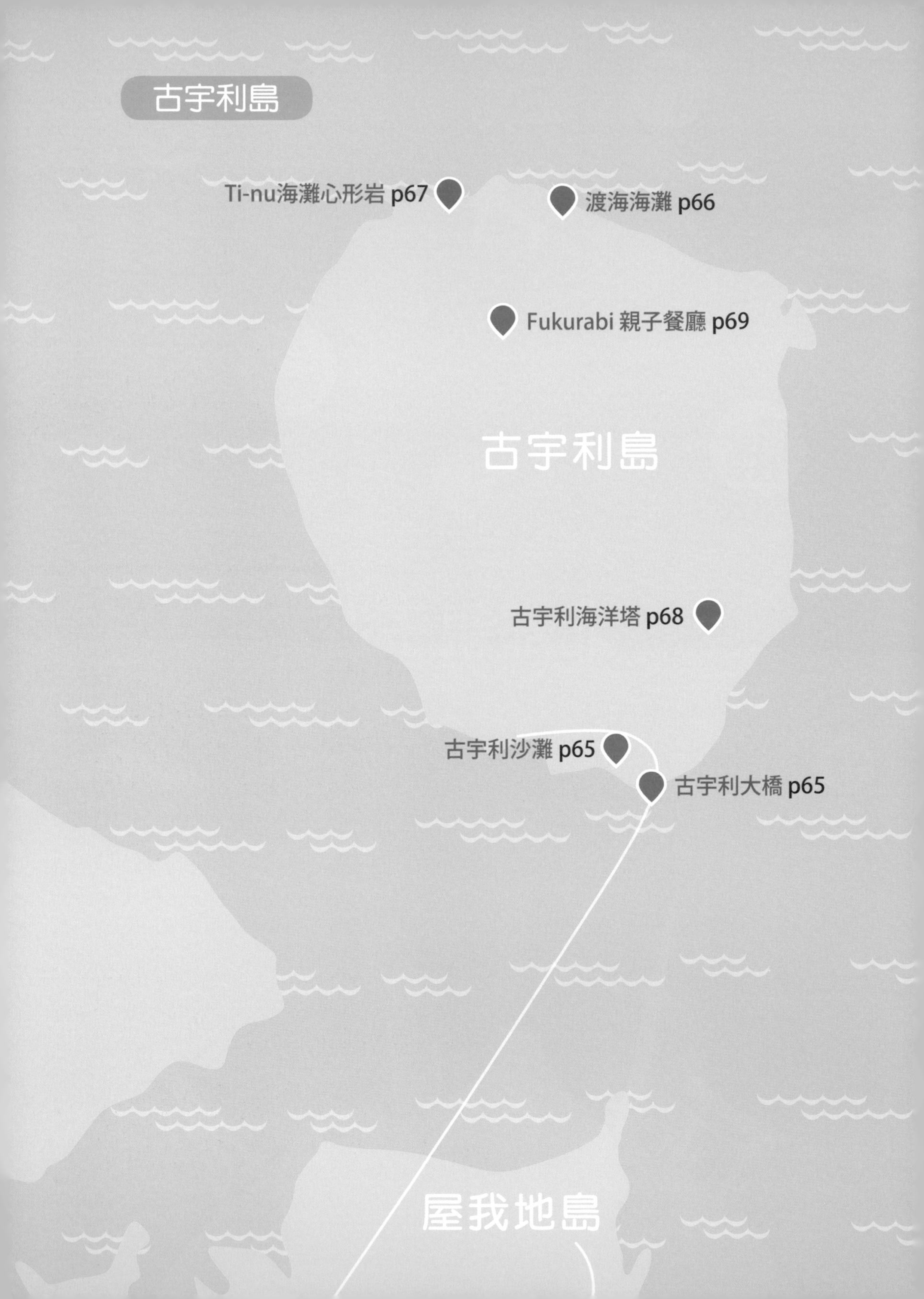
古宇利島
Ti-nu海灘心形岩 p67
渡海海灘 p66
Fukurabi 親子餐廳 p69
古宇利島
古宇利海洋塔 p68
古宇利沙灘 p65
古宇利大橋 p65
屋我地島

地圖

古宇利大橋、古宇利沙灘
古宇利ビーチ

　古宇利島是沖繩數一數二最夯的人氣景點，擁有神之島、戀愛島稱號的美麗小島，雖然開車 10 分鐘就可以繞島一圈，但島上可是有不少隱藏美食、私房景點！

　古宇利島以絕美海景、蔚藍大海著稱，島上完全沒有任何人工破壞，天然純淨原始，清幽潔淨的古宇利島，放眼望去都是藍天白雲、美麗大海，傳說古宇利島是人類發祥地，在島上還可以找到人類發祥的洞穴地點！而古宇利藍美麗海灘更是讓旅客們為之著迷的一大原因！

　要通往古宇利島，必須開車跨越 2 公里筆直壯觀的古宇利大橋，古宇利大橋另一邊連接屋我地島，古宇利大橋是沖繩縣內第二長的跨海大橋，開車在古宇利大橋上奔馳，看不到橋的盡頭、兩側一望無際的清澈沁藍大海！

　古宇利大橋下方透明的海水，是古宇利島唯一天然、有管理的安全海水浴場，古宇利大橋兩端皆有停車場，海水浴場沿著古宇利橋劃分成兩區域，潔白乾淨的沙灘、蔚藍淺淺的海水，很適合小朋友戲水、游泳，夏日也會有水上大型遊樂設施、活動可選擇，目前也有提供換洗的地方相當方便！停車處有販賣水上活動可以購買。

🔍 古宇利大橋、古宇利沙灘

地址	沖繩縣今歸仁村古宇利
Map code	485 662 835*56
	485 662 862*68
開放時間	9:00 ～ 18:00 可自由出入海灘
公休	無休。游泳期間：全年

年齡	0 歲～成人
參觀時間	30 分鐘～ 1 小時
嬰兒車	不適合

 停車場　 洗手間

 餐飲區　 自動販賣機

渡海海灘
トケイ浜

地圖

古宇利島上有許多天然沙灘，位於古宇利大橋旁的古宇利沙灘是最廣為人知的美麗沙灘，以及最近很夯的心形岩 Ti-nu 海灘，這兩個沙灘都是古宇利島近期知名的景點。而位於古宇利島北部的渡海海灘（トケイ浜），真的就是一個隱藏私房景點，天然美麗的沙灘因為尚未有人管理，相較於前面兩大沙灘來說，顯得默默無聞！

渡海海灘是由幾塊潔淨美麗的沙灘組合而成的，海灘被巨石切割成 4、5 塊隱密獨立的沙灘，每一個沙灘都各自有不同獨特風格，清澈透明的海水讓人心曠神怡，退潮時海水平穩寧靜，可是最適合游泳的天然泳池！幸運的話，在沙灘上可以挖掘到有特色的 PEACE 貝殼，退潮時潮間帶會有海洋生物、美麗熱帶魚，很適合帶小朋友來此尋寶！最後面的沙灘，必須退潮後才可以前往，最後頭的沙灘聽說更寧靜、與世隔絕，另外也可以看到傳說人類發源地的洞穴，以及島上的奇岩怪石、壺穴。停車場為私人停車場，需付費停車。

🔍 **渡海海灘**

地址	沖繩縣今歸仁村古宇利 2805
Map code	485 752 103*44
開放時間	9:00 ～ 18:00 可自由出入海灘
公休	無休。游泳期間：全年
年齡	0 歲～成人
參觀時間	30 分鐘
嬰兒車	不適合

停車場

Ti-nu 海灘心形岩
ハートロック

地圖

　　古宇利島 Ti-nu 海灘上的心形岩ハートロック，原本是一處鮮為人知的私房海灘景點，因人氣偶像 Arashi 嵐拍攝廣告後爆紅，成為觀光客必訪的知名景點！Ti-nu 海灘全長不到 100 公尺，不少觀光客專程前來拍照。類似愛心的海蝕石，是經年累月受到海水侵蝕而產生。其實這類的海蝕石在沖繩真的處處可見，但是兩顆岩石互相依偎，成為一個愛心的形狀有其獨特性！相傳古宇利島是沖繩亞當夏娃的起源地，而這兩顆愛心岩石更是讓古宇利島增添了不少戀愛氣息，也變成戀人們來沖繩必訪朝聖祈求戀情的景點，希望戀情順利、開花結果、幸福滿分！

　　古宇利島 Ti-nu 海灘停車場為私人停車場，進入需收費，一般停車場皆有附洗手間、沖腳區域。

🔍 Ti-nu 海灘心形岩

地址	沖繩縣國頭郡今歸仁村字古宇利 2593-2
Map code	485 752 097*34
開放時間	全年開放
公休	無休
年齡	0 歲～成人
參觀時間	30 分鐘
嬰兒車	不適合

 停車場　 洗手間

古宇利海洋塔
古宇利オーシャンタワー

官網　　　　地圖

古宇利海洋塔是位於古宇利島上的一座展望塔，站在塔上可以眺望美麗天空、絕美湛藍海天一色，是俯瞰古宇利大橋全景絕佳景點。古宇利海洋塔一樓為貝殼博物館以及關於古宇利島的資料館；二、三樓則是室內展望樓層，點上一杯咖啡可以靜靜地坐著欣賞無敵海景；四樓頂樓則是一個露台區，可以欣賞古宇利大橋、360 度海景環繞，站在最高點敲響祝福的鐘聲。

從門口搭乘自動導覽駕駛的愛心高爾夫球車，坐上自動駕駛車後，車上播放中文語音導覽，介紹古宇利島以及古宇利塔的歷史文化、背景。坐在導覽車上就可以清楚看到筆直的古宇利大橋全景、以及古宇利最迷人的古宇利藍，吹著海風倘佯在蔚藍美麗的海景中，真的相當舒適放鬆！

館內有海景景觀咖啡廳、餐廳，古宇利島上限定甜點販售、伴手禮商店，是一個不錯的療癒景點。

古宇利海洋塔 Kouri Ocean Tower

地址	沖繩縣今歸仁村古宇利 538 番地
Map code	485 693 513*16
電話	098-056-1616
營業時間	平日 10:00 ～ 17:00（最後入場時間 16:30）；週六日和節假日 10:00 ～ 18:00（最後入場時間 17:30）

年齡	0 歲～成人
參觀時間	30 分鐘 ～ 1 小時
嬰兒車	可推嬰兒車進入
門票	大人（16 歲以上）、國高中生 1000 日圓；小學生、兒童（6 ～ 15 歲）500 日圓、小學生以下免費

 停車場　 洗手間　 餐飲區

 嬰兒車友善環境　 自動販賣機　 雨天ok!

Fukurabi 親子餐廳
Cafe フクルビ

官網　　　　地圖

　　Fukurabi 親子餐廳地勢位於山坡上，擁有絕佳視野，坐在溫馨舒適的用餐位置，就可以面向蔚藍海景。Cafe フクルビ早上 10 點半就開始供應早午餐，一直到中餐、下午茶、晚餐，晚餐也有提供預約 BBQ 菜色。

　　餐點以古宇利料理簡餐、鬆餅、輕食、飲品為主，根據季節的不同，店內黑板菜單上會推薦限定有機冰沙與特別季節料理。餐點精緻可口，以古宇利在地食材來烹煮，Yunbunaru 豬肉月亮桃烤肉，將沖繩特有的豚肉，煎得脆脆酥酥的，搭配古宇利島上的蔬菜，吃起來清爽美味，很適合炎熱的夏季，一整個非常開胃，再加上一杯清涼飲品冰沙，無敵海景、美食，就可以愜意的度過悠閒的午後時光！

　　餐廳內附設了一個小巧的親子遊戲空間、和室親子用餐區。戶外區清幽舒爽，白色建築前綠油油的草皮，可以讓孩子玩耍，享受親子歡樂時光，舒適美麗的環境，真的很推薦前往古宇利島的親子家庭來此用餐！

🔍 Fukurabi 親子餐廳

地址	沖繩縣國頭郡今歸仁村字古宇利 2516
Map code	485 722 695*17
電話	0901-436-9659
營業時間	12:00 ～ 18:00
年齡	0 歲～成人
參觀時間	1 小時
嬰兒車	可推嬰兒車進入

 停車場　 洗手間　 餐飲區

 嬰兒車友善環境　 雨天ok!

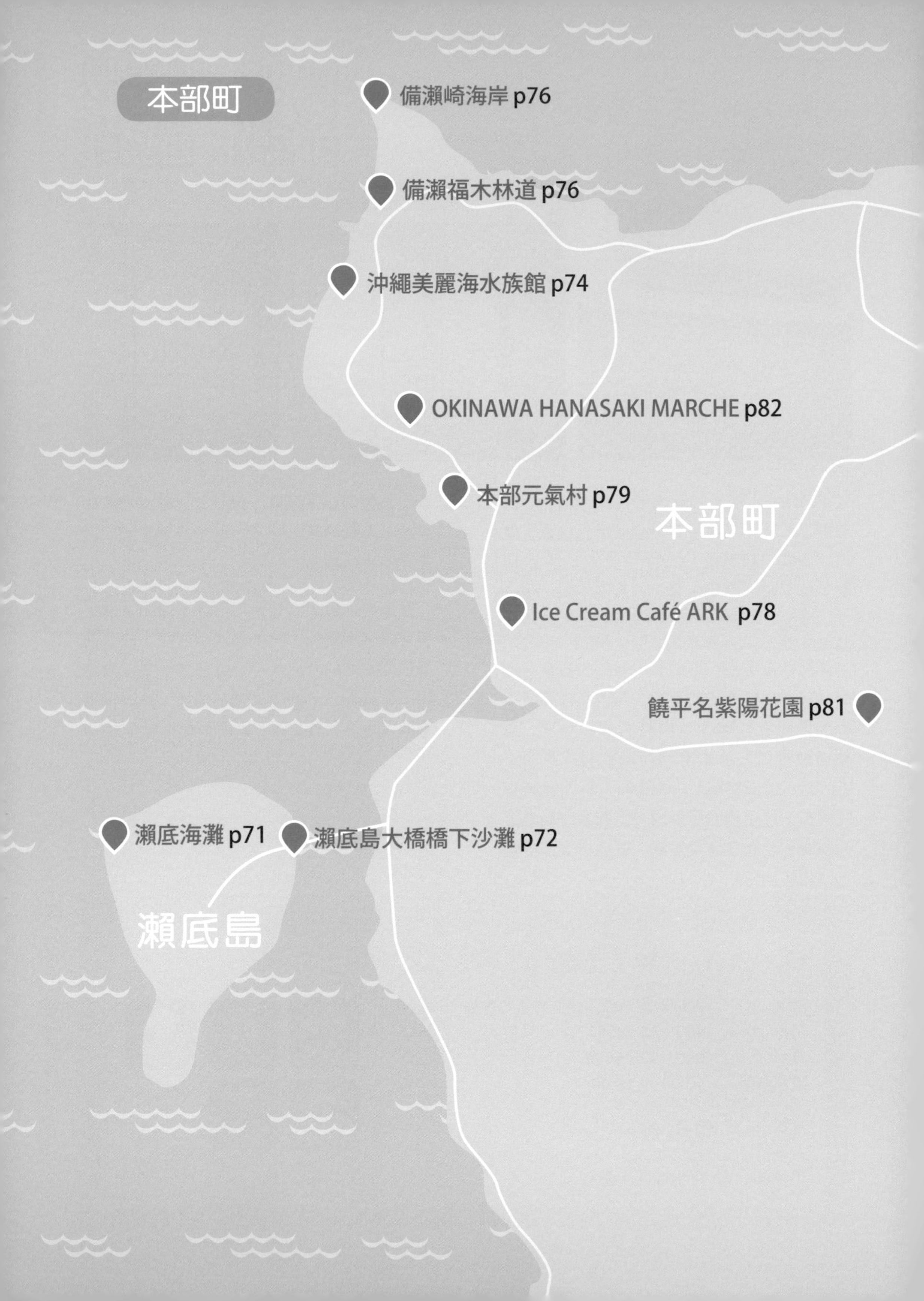
本部町
備瀨崎海岸 p76
備瀨福木林道 p76
沖繩美麗海水族館 p74
OKINAWA HANASAKI MARCHE p82
本部元氣村 p79
本部町
Ice Cream Café ARK p78
饒平名紫陽花園 p81
瀨底海灘 p71
瀨底島大橋橋下沙灘 p72
瀨底島

瀬底海灘
瀬底ビーチ

地圖

瀬底海灘（瀬底ビーチ）位於瀬底島西側的美麗沙灘，綿延 800 公尺的細緻白沙灘，漸層美麗的海水平穩、安全，是不少沖繩在地人的私房景點，不過藉由網路的傳播，瀬底海灘也漸漸夯了起來，遊客也挺多的！瀬底海灘的設備、夏季水上活動相當齊全，因為是私人經營的海灘，旺季需收停車費 1000 日圓，游泳時間也有限定 4 ～ 10 月為主，冬季來到瀬底海灘，沒有收取任何費用、入場費，但不可下水游泳，只能在岸上踏浪、玩沙。

瀬底海灘是原始天然的沙灘，白沙灘踩起來非常舒服、綿密，沙灘右手邊有珊瑚礁岩石，不少親子家庭鋪海灘墊坐在岩石下休憩。這是一處適合潛水的海灘，海中有豐富的海中生物、以及可愛繽紛的熱帶魚群，漫步於美麗的白沙灘上，眺望遠方的伊江島，在蔚藍的海灘上踏浪玩沙，真的很惬意！在沖繩度假就是想慵懶、放鬆，沒有一定要跑什麼景點，來瀬底海灘欣賞無敵海景，讓孩子帶上挖沙玩具，挖沙、玩水、游泳，也是到訪沖繩最棒的親子遊行程！

🔍 瀬底海灘 Sesoko Beach

地址	沖繩縣本部町瀬底 2593-2
Map code	206 822 264*47
營業時間	9:00 ～ 17:00
	游泳期間：4 月下旬～ 10 月中旬
年齡	0 歲～成人
參觀時間	1.5 小時
嬰兒車	不適合

停車場

瀨底島大橋橋下沙灘
アンチ浜

地圖

瀨底島位於本部半島旁，壯觀的瀨底大橋全長有 1400 公尺，連接瀨底島、本部半島。瀨底海灘距離美麗海水族館約 15 分鐘路程，滿適合帶小朋友參觀完奇特的美麗海水族館後，來瀨底島戲水、踏浪。瀨底島總共有兩個沙灘：瀨底島大橋海灘、瀨底海灘，兩個海灘都非常美麗動人！瀨底島大橋旁有一處停車場，這裡可以站在制高點拍攝壯闊的海景以及瀨底島大橋，從停車場旁邊開車下來，保證會被這美麗的海景深深吸引！車子可停靠在橋旁的沙灘上，沿路有指標，網路上有寫說停在沙灘上是不收費的，但是實際上我們被收了 500 日圓停車費。

我非常推薦瀨底島大橋橋下海灘，海水非常透明、沙灘平緩、漸層蔚藍清澈海水，比起觀光客眾多的古宇利島來說，這裡是一處多了份清幽、寧靜的私房秘境。

　　瀨底島大橋橋下海灘橋下分為左右兩邊的沙灘，左邊有沖水設施，不少外國人躺在沙灘上做日光浴，靠近堤防附近右邊的沙灘，比左邊的沙灘更平緩，沙質非常細緻綿密，脫下鞋踩在沙灘上超級舒適！這裡也是當地人浮潛私房景點，沙灘上有很多寄居蟹、貝殼，瀨底島大橋橋下沙灘也是我們走訪沖繩多個沙灘之中，生態最豐富、沙質最細緻又天然，很適合小朋友挖沙、戲水、看寄居蟹搬家。另外欣賞整座沙灘最棒的視野，就是站在大橋旁的瞭望台上眺望沖繩本島，壯闊的海景、清澈見底的海水，時時刻刻展現瀨底島無污染、天然沒過度開發的美景！

🔍 瀨底島大橋橋下沙灘

地址	沖繩縣本部町瀨底
Map code	206 825 361*44
營業時間	9:00 ～ 17:00
	游泳期間：4 月下旬～ 10 月中旬
年齡	0 歲～成人
參觀時間	1.5 小時
嬰兒車	不適合

停車場　洗手間

沖繩美麗海水族館
美ら海水族館

官網

地圖

　　沖繩北部的海洋博公園館內設施很多，包含沖繩鄉土村、植物園、海洋文化館、沖繩美麗海水族館，以及日本國內唯一的珊瑚礁潟湖內海灘：翡翠沙灘！水質評比 AA 級！其中最廣為人知的必訪景點美麗海水族館（美ら海水族館），是沖繩超熱門的景點之一，也是初次帶小朋友到沖繩，必衝的重頭戲！美麗海水族館擁有全世界第三大的水槽「黑潮之海水槽」，水族館內有 3 條鯨鯊、超多蝠魟，以及許多美麗的熱帶魚、海底生物，另一區還有海牛館、海豚表演 show、海龜館等，佔地非常大！

　　進入水族館後，就有海底生物觸摸池，可以實際摸到潮間帶的海洋生物，例如海星、海參等，小朋友能親手摸摸實際體驗！當然最令人期待的就是水量 7,500 公噸的黑潮之海！依循指標迅速地走進探索黑潮中的神秘

領域，3 條超大的鯨鯊悠游其中，還有不少非常特殊可愛的海底生物，一整個讓人目不暇給，這也是美麗海水族館最精彩的主秀！真的是嘆為觀止！

　　美麗海水族館出口前，還能搭乘電梯抵達黑潮冒險，可以站在黑潮大水缸上方看鯨鯊、魚兒悠游！

　　如果開車的話，一定要開到第 7 停車場才是離美麗海水族館最近的停車場（走路不到 5 分鐘）。停車場都有指揮交通的人員指揮停車的區域，從停車場走下來，就看到大型的海豚、螃蟹、鯊魚等造型。水族館前面有大型的兒童遊樂攀爬網設施，很適合小朋友玩耍！

黑潮之海每日定時有解說、餵食活動

- **11:30** 水槽解說：
  黑潮之海解說和將鯨鯊搬進水族館的影像資料（旁邊有電視播放）

- **13:30** 與潛水員的水槽解說：
  黑潮之海解說和潛水員水中拍攝影像（旁邊有電視播放）

- **15:00 ／ 17:00** 餵食表演與解說活動：
  鯨鯊垂直進食表演（震撼力現場表演）

🔍 沖繩美麗海水族館 Okinawa Churaumi Aquarium

地址	沖繩縣國頭郡本部町字石川 424 番地
Map code	553 075 797*74
電話	098-048-3748
營業時間	8:30 ～ 18:30（3 ～ 9 月至 20:00） 關館前 1 小時就不再接受遊客入館
休館日	請查詢官網

年齡	0 歲～成人
參觀時間	2 ～ 3 小時
嬰兒車	可推嬰兒車進入
參觀時間	大人 2180 日圓、高中生 1440 日圓、 中小學生 710 日圓，小學生以下免費

 停車場　 洗手間　 自動販賣機

 投幣式儲物櫃　 哺乳室　 嬰兒車友善環境　 雨天ok！

備瀨福木林道、備瀨崎海岸
備瀨のフクギ並木、備瀨崎

備瀨福木林道
地圖

備瀨崎海岸
地圖

　鄰近沖繩美麗海水族館的備瀨福木林道（備瀨フクギ並木），是一個非常奇特帶點神祕又療癒的熱門景點，兩萬多棵濃密蓊鬱的福木，壯觀又歷史悠久，不論是散步或是租一台腳踏車騎乘在 1 公里長的林道上，茂盛的枝葉形成美麗的綠色隧道，緩緩地騎在其中，感受到前所未有的寧靜安詳。

　福木在沖繩被當作防風林種植，備瀨村落採棋盤式的街道，每一間房子都圍繞著青蔥翠綠的福木，冬天防風、夏天消暑。大約 10 分鐘左右，穿過福木林道，就可以抵達本部最著名的潛水景點備瀨崎海岸，自然寬闊的美麗

清澈海岸，擁有豐富的海洋生態，天氣好時還可以遠眺遠方的伊江島呢！

這裡夏天可是浮潛的聖地，備瀨崎停車場旁邊有租借浮潛的裝備，可以換上泳衣，探索熱帶魚、珊瑚礁！退潮時，整個岩石都會裸露出來，走近發現在岩石洞穴的淺灘中，有不少魚兒悠游著，心情也跟著輕鬆起來！

🔍 備瀨福木林道、備瀨崎海岸

地址	沖繩縣国頭郡本部町備瀨
Map code	553 105 776*77、553 135 564*00
開放時間	沒有限制，到天黑前都可以進入（林道附近為一般住家，勿進入住家範圍，並避免大聲喧嘩）

年齡	0 歲～成人
參觀時間	1.5 ～ 2 小時
嬰兒車	可推嬰兒車進入

停車場　洗手間　腳踏車租借　嬰兒車友善環境

Ice Cream Café ARK
アイスクリンカフェ アーク

Instagram　　　　地圖

　位於沖繩北部本部半島的一座小山坡上，葡萄牙歐洲風情的四層樓建築，360 度絕美全景咖啡廳，站在露台上就可俯瞰山海壯麗景觀，絕佳的視野，這可是沖繩最美麗的咖啡廳。點上美味的 OKINAWA BIC ICE 冰淇淋、聖代，坐在窗戶旁輕鬆地欣賞瀨底島、本部半島的無敵海景與黃昏日落。美麗又充滿神秘的隱藏美食景點，冰品可口清涼，用餐空間舒適，樓中樓上方還有一處親子玩樂空間，可以提供小朋友玩小玩具、畫圖、閱讀繪本。

　OKINAWA BIC ICE 冰淇淋在沖繩大馬路上處處可見小攤販販售，這些冰淇淋都來自於 Ice Cream Café ARK。在沖繩擁有將近 40 年歷史的 Ice Cream Café ARK，可是自創了超過 15 種以上的冰淇淋口味呢，歷久彌新一樣可口！

🔍 Ice Cream Café ARK

地址	沖繩縣本部町濱元 950-1
Map code	206 887 607*03
電話	098-051-6565
營業時間	13:00 ～ 18:00
公休	週三、週四

年齡	0 歲～成人
參觀時間	1 小時
嬰兒車	不適合

停車場　洗手間

餐飲區　雨天ok!

本部元氣村
もとぶ元気村

官網

地圖

本部元氣村位於前往沖繩本部美麗海水族館的路上，在元氣村可以選擇各種不同的海豚體驗，與海豚一起游泳、戲水，餵食海豚、親親海豚……，小朋友可以在教練的陪同下，單獨近距離觀看海豚表演、觸摸海豚，獨特有趣！比起美麗海水族館的海豚表演秀，元氣村海豚體驗似乎更吸引小朋友！

元氣村每項體驗項目、時間、收費皆不同，冬季還特別推出不怕衣服濕的體驗行程，所有體驗都必須由一位指導員帶領一組客人（家庭），所以建議提早電話預約、或是到櫃台報名，以免錯過體驗時間，或是報名額滿！元氣村沒有中文服務，指導員用日文、英文溝通！

小聿的身高還不能和海豚一起游泳（需125公分以上），小聿選擇了海豚餵食體驗，內容為海豚互動、近距離觀看海豚、餵食海豚體驗，一人體驗費用是 4000 日圓，約 30 分鐘。指導員會先帶我們去餵食陸龜、海龜，接著前往海豚區餵食海豚，透過給予每一種動物不同食物、餵食方法，讓小朋友更快速了解其生活習性和餵食的技巧，小孩覺得有趣，大人更覺得好玩！

🔍 本部元氣村 Motobu Genki Village

地址	日本沖繩縣國頭郡本部町浜元 410
Map code	553 016 707*71
電話	098-051-7878
營業時間	8:00 ～ 18:00
公休	無休

年齡	全年齡適用
參觀時間	1 ～ 1.5 小時
嬰兒車	可以推到服務中心處擺放嬰兒車
門票	・海豚游泳體驗：70 分鐘／ 17000 日圓

・海豚游泳體驗：70 分鐘／ 17000 日圓
　能夠在水深至腳觸不及地也可游泳，以及身高
　超過 110 公分的人可以和海豚一起游泳。
・海豚互動體驗：50 分鐘／ 8000 日圓
　0 歲～學齡前兒童由其監護人陪同（需收費）
・海豚餵食體驗：30 分鐘／ 4000 日圓
　0 歲～學齡前兒童由其監護人陪同（需收費）

以上體驗時間請查詢官網，依季節會有所不同。

 停車場　 洗手間　 自動販賣機

 投幣式儲物櫃　 嬰兒車友善環境　 雨天ok!

饒平名紫陽花園
よへなあじさい園

官網　　　地圖

　每年夏季5～6月下旬，沖繩北部本部町伊豆味，有一處饒平名紫陽花園，整個山頭種植滿滿的紫藍蝶繡球花，如夢似幻！是夏季到沖繩遊玩，不可錯過的限定私房景點！

　園內繡球花有1萬株以上，超過30萬朵的紫陽繡球花海佈滿整座山頭，層層疊疊、紫藍色艷麗浪漫，真的讓人讚嘆不已！整座園區的繡球花都是由園主饒平名奶奶一手種植、呵護照顧，雖然百歲老奶奶已於2018年過世，但遺留下來的愛和溫馨的繡球花園區，讓每個來到饒平名紫陽花園的遊客，都可以欣賞到繽紛多彩的繡球花，感受被花海包圍的幸福感！

　園區內乾淨整潔，跟著指示走在步道上，可以沿路欣賞五顏六色、爭奇鬥艷的花海，真是賞心悅目！

　花園內有一間小屋，可以點些飲品、冰品消暑一下！休息夠了就再沿著指標散步，享受鳥語花香，世外桃源！

🔍 饒平名紫陽花園

地址	沖繩線國頭郡本部町字伊豆味 1312
Map code	206 833 170*74
電話	098-047-2183
開放時間	9:00 ～ 18:30
公休	以每年 5 ～ 7 月官方公佈為主

年齡	全年齡適用
參觀時間	2 小時
嬰兒車	不適合
門票	大人 500 日園，小學生、國中生、高中生 200 日圓，幼兒園以下免費

 停車場　 洗手間　 餐飲區

OKINAWA HANASAKI MARCHE
オキナワハナサキマルシェ

官網　　　　　地圖

　OKINAWA HANASAKI MARCHE 位於沖繩北部本部町，是 2019 年 3 月開幕的無敵海景複合式購物美食商場，靠近沖繩美麗海水族館、海洋博公園附近，由十三間美食、手作工藝、紀念品伴手禮商鋪，還擁有沖繩北部第一間充滿藝術風格、具有地標性的星巴克沖繩本部町店，並提供得來速外帶服務！

　在這裡可以品嚐到許多美食食堂、沖繩小吃，以及創意冰沙等！絕美的度假型地中海希臘風情商場，已經成為沖繩北部本部町最夯的新興打卡景點，乾淨舒適的環境、隨處取景拍照都好美！從商場能欣賞本部町最美的海景，還可看到瀨底大橋、瀨底島！

　OKINAWA HANASAKI MARCHE 商場擁有優越的地理位置，走到美麗海水族館只需要 5 分鐘左右的路程，商場對面就是海洋博公園，後面那棟高樓為阿拉馬海納公寓飯店，中間 2 ～ 4 樓就是商場的區域，大約有 15 間店舖，有美食、手作，以及伴手禮等店家，來到這裡可以享受美食、購物，放鬆又愜意。

🔍 OKINAWA HANASAKI MARCHE

地址	沖繩縣國頭郡本部町 1421-5
Map code	553046336*02
電話	098-051-7600
營業時間	9:30 ～ 21:00
年齡	0 歲～成人
參觀時間	1 小時
嬰兒車	可推嬰兒車進入

 停車場　 嬰兒車友善環境　 雨天ok!

名護市、宜野灣市

名護自然動植物公園
ネオパークオキナワ

官網

地圖

名護自然動植物公園就位在名護市區,整個園區佔地寬敞,非常自然!憑良心說一開始走進去,真的會覺得這個景點似乎有些破舊,完全不像有整修維護,但實際走一圈後,發現名護自然動植物公園將中南美洲、大洋洲、非洲等熱帶地區的動植物打造培育,不但仿造出亞馬遜叢林和一些非洲區域的自然環境,並以最原始天然飼養小動物,讓小朋友能零距離接觸。

園區也可搭乘沖繩輕便鐵道的小火車,環繞園區一周,居高臨下欣賞充滿原始大自然森林環境,也可以漫步在園區內餵食火鶴、孔雀等多種鳥類,只要有帶著飼料,所有鳥類就會跟在左右,完全不怕人,非常奇特又好玩!另外還有鴕鳥、羊駝、野豬等小動物,非常適合帶小朋友來此觀賞!

🔍 名護自然動植物公園 Neo Park Okinawa

地址	沖繩縣名護市字名護 4607-41
Map code	206 689 727*02
電話	098-052-6348
營業時間	9:30 ～ 17:30
公休	無休

年齡	0 歲～成人
參觀時間	2 小時
嬰兒車	可推嬰兒車進入
門票	成人（國中生以上）1300 日圓、 4 至 12 歲兒童 700 日圓、4 歲以下免費 **沖繩輕便鐵道（小火車）：** 成人（國中生以上）700 日圓、 孩子 4 至 12 歲 500 日圓、4 歲以下免費

 停車場   洗手間   餐飲區

 自動販賣機   哺乳室   尿布檯   嬰兒車
友善環境

驚安的殿堂唐吉訶德

ドン . キホーテ

官網　　　　地圖

驚安的殿堂唐吉訶德是日本最大的連鎖商店之一，在日本有 270 幾間分店，以販售各種獨特的日系商品、日常用品聞名，24 小時不打烊之外，裡頭商品應有盡有，化妝品、藥妝、玩具、食品、伴手禮、零食、電器、行李箱等，總之缺什麼來這裡採買就對了！只能說來到日本，驚安的殿堂就是我們最好的好朋友，而且還有提供滿 5000 日圓免稅、退稅的服務，有時候遇到店家下殺折扣的商品，真的非常好買！像我們平常懶得跑太多地方逛街，就會選擇唐吉訶德，一次把欠缺、想買的商品購買補齊，相當便利！

驚安的殿堂唐吉訶德在沖繩名護、國際通都有分店，每一間店家都有自己的特色、特價商品，到沖繩一定要找時間來唐吉訶德挖寶、採買，包準有意想不到的驚喜，走進賣場，什麼商品都有，包羅萬象！

🔍 驚安的殿堂唐吉訶德

名護店

地址	沖繩縣名護市五丁目大 24 號 11 號
Map code	206 688 427*37
電話	057-007-7911
營業時間	9:00 ～凌晨 3:00
	※ 旅遊季節（4 ～ 10 月）8:00 開放

國際通店

地址	沖繩縣那霸市松尾 2-8-19
Map code	33 157 382*41
電話	098-951-2311
營業時間	24 小時

 停車場　 洗手間　自動販賣機　 嬰兒車提供

嬰兒車友善環境　雨天ok!

年齡	0 歲～成人
參觀時間	1 小時
嬰兒車	可推嬰兒車進入

名護 AEON MALL
イオン名護店

官網

地圖

來到沖繩名護，一定要到北沖繩最大的購物中心：名護 AEON MALL 朝聖，購物中心內商品包羅萬象、品牌滿多的，大創 DAISO、嬰幼兒用品、玩具、文具、超市、UNIQLO、電器、藥妝、雜貨等日用品，還有美食、餐廳，超級好逛，適合臨時補給或是採買購物。

喜歡逛街的朋友，可以選擇名護市區的飯店，晚上衝名護 AEON MALL 購物中心，吃吃美食兼逛街、購物！有不少日系品牌的衣服，常常下殺、折扣，超級好買！名護 AEON MALL 購物中心一樓為超市、各大品牌、精品區，超市超級大無敵好逛，如果住民宿，還可以來此採買一些生鮮、隔天當早餐，相當方便！二樓是餐廳為主，三、四樓則是停車場。除了樓上的室內停車場，戶外也有一區超大停車場，而附近還有驚安的殿堂唐吉訶德、Birthday 等，總之不要把名護想得很偏僻，其實這一區真的非常熱鬧好買！

🔍 名護 AEON MALL

地址	名護市字名護見取川原 4472
Map code	206 688 612*36
電話	098-054-8000
營業時間	8:00 ～ 23:00
公休	無休

年齡	0 歲～成人
參觀時間	1.5 小時
嬰兒車	可推嬰兒車進入

 停車場　 洗手間　 餐飲區　 自動販賣機　投幣式儲物櫃

 哺乳室　尿布檯　 嬰兒車租借　嬰兒車友善環境　 雨天ok！

STARDUST FANTASIA
星光閃耀星辰幻想曲（冬季限定）
スターダストファンタジア

官網

地圖

　Kanucha resort 卡努佳度假村的星光閃耀燈海一直都是沖繩冬季最具規模、最閃耀的點燈活動，冬季因泳池關閉，所以每年 11/1 ～ 2/29 推出冬季限定浪漫活動 STARDUST FANTASIA 星光閃耀星辰幻想曲，百萬夢幻的星星閃耀照亮了兩個戶外大游泳池：花園池廣場、閃耀花園。

　除此之外還會推出美麗的燈光秀、演唱會等活動，七彩繽紛燈飾、五顏六色光舞、3D 投影，讓整個度假村充滿歡樂，美麗巨型聖誕樹、彩虹燈海，超級有過節的氣氛，跨年時度假村還會邀請藝人來此舉辦演唱會！

　非 Kanucha resort 卡努佳度假村的房客，也可購票進入 STARDUST FANTASIA 星光閃耀星辰幻想曲欣賞美麗的燈光秀，預定 Kanucha resort 卡努佳度假村七大主題餐廳享用晚餐，也可以免費入場參觀，門票會包含許願卡，可將自己的願望寫好掛在樹上，期許美夢成真！帶小孩到沖繩，絕對不可錯過沖繩冬季最大的燈祭！

🔍 Kanucha resort 卡努佳度假村

地址	沖繩縣名護市安部 156 番地 2
Map code	485 159 341*57
電話	057-001-8880
營業時間	每年時間不同，請看官網

年齡	0 歲～成人
參觀時間	1 小時
嬰兒車	可推嬰兒車進入
入場費	・入場費含稅　　　※ 小學以下免費
	・STARDUST FANTASIA 星光閃耀星辰幻想曲 1500 日圓
	・客人預訂晚餐、使用住宿、高爾夫球場，都可以免費觀賞

 停車場　 洗手間　 餐飲區

 電動車租借　 嬰兒車友善環境

DINO 恐龍 PARK 山原亞熱帶之森
DINO 恐竜 PARK やんばる亜熱帯の森

到訪沖繩多次，衝了數個溜滑梯公園，沒想到小聿心目中的第一名居然是沖繩 2016 年新開幕的恐龍公園，回國後依然念念不忘！位於名護的 DINO 恐龍 PARK 山原亞熱帶之森，隱身於御菓子御殿名護店（元祖紅芋菓子本鋪）旁邊，入口就是從大暴龍的嘴巴走進去，真的看起來超酷的！走進裡頭身歷其境，彷彿來到電影侏羅紀公園場景中。走在叢林深處，小心隨時有栩栩如生的恐龍出沒，不時會被暴龍張大嘴巴怒吼驚嚇，真是處處驚險刺激又好玩！

山原亞熱帶之森是日本唯一的筆筒樹原生林，巨大蕨類植物筆筒樹生長的非常茂密、原始，整體打造的場景，真的很像在電影上面看到的侏儸紀公園，讓人印象深刻！園區內充斥著鳥叫聲、蟬叫聲及遠處傳來的恐龍聲，園內的恐龍數量很多，圍繞一整座山頭，順著路標走，沿途叢林中都會出現不同類型的恐龍，真的很過癮！非常推薦沖繩親子遊，一定要帶小朋友一起進入恐龍世界探險，置身於幾億年前侏儸紀恐龍世界中！

🔍 DINO 恐龍 PARK 山原亞熱帶之森 Dino Park Nago

地址	沖繩縣名護市中山 1024-1
Map code	206 775 852*34
電話	098-054-8515
營業時間	9:00 ～ 18:00（最後入場時間 17:30）
公休	無休

年齡	1.5 歲～成人
參觀時間	1.5 小時
嬰兒車	可推嬰兒車進入
入場費	大人（16 歲以上）1000 日圓、 兒童（4 ～ 15 歲）600 日圓

官網　　　　地圖

停車場　洗手間　餐飲區　自動販賣機

哺乳室　尿布檯　嬰兒車友善環境

名護鳳梨公園
ナゴパイナップルパーク

官網

地圖

　沖繩旅遊書必推的人氣景點名護鳳梨公園，距離名護市區不遠，靠近 DINO 恐龍 PARK 山原亞熱帶之森、沖繩水果樂園、百年古家等知名景點、餐廳。可愛自動駕駛的鳳梨號導覽車是整個園區最吸睛的，屋頂還有半顆大鳳梨，會在亞熱帶鳳梨植物園中載著遊客遊園，語音解說導覽鳳梨的歷史與小常識。

　園區內種植了 500 多種豐富有特色的植物，整個園區很有熱帶雨林的 fu，漫步在鳳梨園中有冒險的感覺，相當有趣！沿途可以看到蘭花園、鳳梨田，以及平常少見的鳳梨樹，總共有多達 100 多種鳳梨和類似鳳梨品種的水果。園區內還有一個空中花園，漫步在美麗充滿了許多種類的熱帶植物、花草中，好像小小探險家一樣有趣新奇。

　　鳳梨號有遮陽擋雨的屋頂、防水布，所以無論大太陽、下雨都不用擔心，最後語音還有一個重點，就是商店賣店有免費的試吃及新鮮鳳梨果汁可以喝！不愧是沖繩非常夯的人氣景點，好吃、好玩，又可以學習到豐富的知識，超適合帶小孩來體驗！

　　擁有將近 40 年歷史的鳳梨園，2023 年設施翻新整修、全新大升級，不但增加了恐龍公園外，還多了網美級的咖啡廳、小酒吧，全新翻修的賣場、伴手禮專賣店 Sweets de pineapple。豐富多元的伴手禮，包含鳳梨創意 T 恤、鳳梨雨傘、鳳梨購物袋等周邊商品；鳳梨蛋糕、鳳梨餅乾、鳳梨醬、鳳梨果汁、現烤的鳳梨捲心奶油派等，另外可以試喝的鳳梨酒、香檬汁，真的好清爽香甜！

　　另外挑高氣派的 Nago pineapple winery 酒莊、小酒吧也是新設施，中央以鳳梨造型為主，付一次性的費用就可以品嚐鳳梨園自家釀製的酒，葡萄酒、氣泡酒、醋、鳳梨果汁、鳳梨酒等，也有鳳梨霜淇淋、鮮榨鳳梨汁、酸甜好喝的沖繩香檬汁可以選擇！

🔍 名護鳳梨公園 Nago Pineapple Park

地址	沖繩縣名護市字為又 1195
Map code	206 716 467*68
電話	098-053-3659
營業時間	10:00 ～ 18:00（最後入場時間 17:30）
公休	無休

年齡	0 歲～成人
參觀時間	1.5 小時
嬰兒車	可推嬰兒車進入
入場費	成人（16 歲以上）1200 日圓、兒童（4 ～ 15 歲）600 日圓、4 歲以下免費

 停車場　 洗手間　 餐飲區　自動販賣機

 哺乳室　 尿布檯　 嬰兒車友善環境

沖繩水果樂園
OKINAWA フルーツらんど

官網　　　　地圖

沖繩水果樂園位於名護鳳梨公園、DINO 恐龍 PARK 山原亞熱帶之森中，若時間許可，建議三個景點都可以安排到旅途中。沖繩水果樂園以熱帶水果王國的冒險故事，從踏入門口就開始尋找被妖精抓走的熱帶水果國王，園區內有不少結實累累的水果、美麗飛舞的蝴蝶，一邊在熱帶水果王國中冒險，尋找謎題衝向妖精國度解救國王。

在解謎題的同時，抬頭還可以見到超多種類的熱帶水果，整個水果園區充滿了果香，香蕉、荔枝、火龍果等，各季都有約 30 多種類的水果結果，在不同的季節來到水果樂園，可以看到各式各樣的水果，非常特別！還有機會看到榴槤以及全世界最大的水果波羅蜜，帶著小朋友來到沖繩水果樂園認識水

果、探險，真的很有趣！除了水果區外，還有蝴蝶花園、鳥園、餐廳等設施，整個園區都屬於室內，很適合當成沖繩親子遊的雨天備案。

出口處的伴手禮販售區、風獅爺彩繪 DIY 體驗，我們選了一個小小的風獅爺，讓小聿依照自己的喜好彩繪，小朋友可以發揮創意畫出自己心目中威猛可愛的風獅爺，最後服務人員會提供吹風機吹乾，並裝入盒中！

餐廳的部分可以點上一份熱帶水果拼盤，豐富繽紛的水果拼盤，每一樣水果甜而不膩，相當可口。如果喜歡吃聖代的朋友，千萬不可錯過水果聖代，滿滿當季水果搭配 BLUE SEAL 冰淇淋，一大份繽紛可口的聖代，真的是夏季不可錯過的最棒選擇！

🔍 沖繩水果樂園 Okinawa Fruits Land

地址	沖繩縣名護市為又 1220-71
Map code	206 716 615*65
電話	098-052-1568
營業時間	10:00 ～ 18:00（最後入場時間 17:30）
公休	無休

年齡	0 歲～成人
參觀時間	1 小時
嬰兒車	可推嬰兒車進入
入場費	大人 1200 日圓（高校生以上）、 兒童 600 日圓（4 以上）

 停車場　 洗手間　 餐飲區　 自動販賣機

 哺乳室　 尿布檯　 嬰兒車友善環境　 雨天ok！

部瀨名海中公園海中展望塔、海底玻璃船

Busena ブセナ海中公園

　　部瀨名岬的部瀨名海中公園，位於恩納與名護市區中間，擁有漂亮完整的飯店度假村（The Busena Terrace Beach Resort）、私人沙灘，以及人氣最高的海中展望塔、海底玻璃船。帶著小朋友來到沖繩，一定要體驗沖繩清透乾淨的美麗海洋，透過近距離接觸熱帶魚、海洋生物。

　　海中展望塔是佇立在海中央的天然水族館，海中展望塔深入海底 3 公尺環繞 360 度的海底景觀，超級有特色！海底悠游的魚兒、美麗的珊瑚礁，大海中天然的水族館，豐富的海底生態，真正的海底世界感覺相當與眾不同呢！讓小朋友可以清楚的了解海底的神秘面紗以及豐富的生態。

　　另外搭乘鯨魚造型的玻璃船，成群繽紛可愛的熱帶魚、小丑魚會追著玻璃船悠游，船上還有販售魚飼料，可以購買一份讓小朋友餵魚，爭先恐後搶飼料的魚群，跳出水面，真的相當有趣、新奇！部瀨名海中公園真的是非常適合親子遊，帶孩子來一趟海洋冒險吧！

　　海底玻璃船開航時間是每小時的 10 分、30 分、50 分，航程大約 20 分鐘（4 ～ 10 月第一航班 9:10、最後航班 17:30 ／ 11 ～ 3 月第一航班 9:10、最後航班 17:00），船長邊開船邊餵魚兒，所以魚兒都會跟著玻璃船移動，因此可以欣賞到各種美麗的魚兒、海洋生態、珊瑚礁，這裡的海水真的相當透明，沒有任何污染！

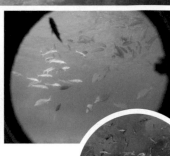

🔍 部瀨名海中公園海中展望塔、海底玻璃船
Busena Marine Park

地址	沖繩縣名護市喜瀨 1744-1
Map code	206 442 076*60
電話	098-052-3379
開放時間	4～10 月 9:00～17:30、11～3 月 9:00～17:00
公休	無休

官網　　　　地圖

年齡	1.5 歲～成人
參觀時間	2～3 小時
嬰兒車	可推嬰兒車進入
入場費	・玻璃底遊艇＋海中展望塔 　大人 2100 日圓、 　小孩（4 歲以上～初中生）1050 日圓 ・玻璃底遊艇 　大人 1560 日圓、 　小孩（4 歲以上～初中生）780 日圓 ・海中展望塔 　大人 1050 日圓、 　小孩（4 歲以上～初中生）530 日圓

停車場　　洗手間　　餐飲區

自動販賣機　哺乳室　尿布檯

嬰兒車友善環境　雨天ok!

溫野菜
しゃぶしゃぶ温野菜

官網

地圖

溫野菜しゃぶしゃぶ是一間日本連鎖壽喜燒、涮涮鍋,用料新鮮、可口,主打肉品、野菜吃到飽,在沖繩有非常多間分店,我們在沖繩名護吃過一次後,就深深愛上這美味的溫野菜涮涮鍋。最近在台灣也開了好幾間分店,但我真的要再次強調,日本的食材、湯頭,真的還是跟台灣不太一樣呢!店內主打幾種自製湯底,配上精選的高品質肉類及新鮮的野菜,品嚐最自然、最健康、低負擔的涮涮鍋,不管你是愛吃肉還是愛吃菜,通通可以滿足大家的需求。

來到沖繩,除了石垣牛燒烤外,想吃火鍋的話一定要來吃吃溫野菜吃到飽的消費方式,像我不敢吃牛肉的話,也可以選擇只有豬肉的方案。一般除了牛豬的方案外,如果想要吃高檔一點的牛肉,從嚴選牛到黑毛和牛,從 2980 到 5680 日圓的價位選擇。另外還有一個很貼心的地方就是,還沒上小學的小朋友是不用收費的,店內有很適合小朋友的餐點招待。

湯頭的部分,可以選兩種湯頭,基本湯頭選一種、特製湯頭選一種,基本湯頭有和牛湯底,特製湯頭有雞骨湯底、鹽味湯底、壽喜燒湯底、豆漿湯底、麻辣湯底及昆布湯底。食材部分有新鮮雞肉漿、綜合野菜盤、新鮮的肉品,以及前菜、甜點,每一樣餐點看起來都相當特別,讓人忍不住一直加點呢!

99

🔍 溫野菜 On-Yasai

地址	沖繩縣名護市名護 4513
Map code	206 688 532*68
電話	098-043-6528
營業時間	17:00 ～ 23:00
公休	無休

年齡	1.5 歲～成人
參觀時間	1.5 小時
嬰兒車	可推嬰兒車進入
費用	成人 2780 ～ 5980 日圓起，看食材選擇。 國小以下免費／國小 1 ～ 3 年級 500 日圓／ 國小 4 ～ 6 年級 1000 日圓／ 65 歲以上 500 日圓

 停車場　 洗手間　 餐飲區

 嬰兒車友善環境　 雨天ok!

島甜甜圈專賣店

しまドーナッツ

相信女孩們只要聽到號稱宇宙前三名好吃的しまドーナッツ島甜甜圈，一定會無法抗拒！しまドーナッツ島甜甜圈位於沖繩北部名護，前往水族館一定會順道安排來此購買幾個美味甜甜圈外帶，潔白的小屋搭配黃磚屋頂，可愛精緻的純白色平房建築特色、溫馨，一整個就是網美打卡 FB、IG 上傳經典小店啊！

走進店內一陣淡淡香甜的氣息撲鼻而來，島甜甜圈是每日限量，新鮮現做的，甜甜圈的食材是以沖繩名產島豆腐渣為原料，所以口感相當特別，比較紮實有彈性，香而不膩，與一般的甜甜圈不同，深受不少沖繩人、觀光客喜愛！常常太晚來就買不到，建議安排中午左右，若想在店內用餐，可以將車子停放在距離店家約 100 公尺的專用停車場。

雖說號稱宇宙前三名好吃真的有點太誇張了，但憑良心來說，口感真的挺不錯的，很值得安排外帶當個下午茶，也值得第一次到訪沖繩的朋友嚐鮮！

🔍 島甜甜圈專賣店

地址	沖繩縣名護市伊川 270
Map code	485 360 584*83
電話	098-054-0089
營業時間	11:00 ～ 15:00
公休	星期一

年齡	0 歲～成人
參觀時間	30 分鐘
嬰兒車	不適合

Instagram　　　地圖

停車場　洗手間　餐飲區　雨天ok!

屋我地沙灘
屋我地ビーチ

地圖

屋我地沙灘（yagaji-beach）是秘境沙灘，靜謐寧靜、遊客少，許多人經過屋我地島都是為了要前往古宇利島，但是其實屋我地島的沙灘更勝古宇利的任何一個沙灘，天然無污染！屋我地沙灘是一個環境絕佳的沙灘，擁有湛藍美麗海域、潔白的沙質，藍綠色調高透明度的海水，真的很想讓人跳下海中輕快暢游。如果遇到大退潮時，會出現一條潔淨的道路抵達對面的獨立小島，可以從沙灘走到對面的小島上探險！這是屬於內海的海洋，海水平靜完全無浪，相對之下平穩安全，也更適合親子戲水！

屋我地沙灘入口有一棟屋我地莊，是一間民宿，必須付費才可進入屋我地沙灘，要填寫個人資料，一個人 600 日圓。如果接近退潮想要走到對面的小島，也可以選擇在觀看潮汐抵達屋我地沙灘的時間。屋我地沙灘官網可以提早預約民宿、露營，沒錯沙灘前的草皮就是露營地，另外還有 BBQ，以及一些水上活動、獨木舟。

🔍 屋我地沙灘 Yagaji-Beach

地址	沖繩縣名護市字屋我 143 番地
Map code	485 514 276*78
電話	098-052-8123
開放時間	9:00 ～ 18:00
公休	國定假日
門票	600 日圓

官網

日本氣象廳潮汐表

停車場　洗手間　自動販賣機　水上活動 獨木舟

西松屋
西松屋チェーン

官網

　有了小孩後，到日本一定先去可以購買親子用品的賣場逛逛！沖繩沒有阿卡將，但是有大型嬰幼兒親子用品賣場：西松屋！從南到北總共有 10 間，想逛哪間就逛哪間。親子遊最怕的莫過於忘記帶奶粉、尿布帶不夠，漏帶餐具、日用品、衣服，來到沖繩完全不用擔心，西松屋舉凡奶粉、尿布、嬰幼兒日用品，甚至玩具通通都有，而且都很平價。另外玩具麵包超人、多美小汽車 tomica 在這裡購買都滿便宜的呢！總之只要跟嬰幼兒、兒童有關的東西，在西松屋都可以購買到！

　西松屋每一間店舖都有超大的停車場，店內空間大，賣場明亮寬敞，商品種類豐富、琳瑯滿目，從 0 歲～上幼稚園的用具都有。另外每一間店舖都有附設貼心的哺乳室，讓媽媽們可以安心逛、盡量買！

　建議媽媽們可以趁打折便宜購買換季下殺的小孩衣服、外套，我常常在西松屋拿了一堆衣服，結帳時不到台幣 1000 元的價格，真的讓人開心到下巴合不起來阿！

西松屋

年齡	0 歲～成人
參觀時間	30 分鐘
嬰兒車	可推嬰兒車進入

 停車場　 洗手間　哺乳室

 尿布檯　 嬰兒車友善環境　 雨天ok!

分店資訊

名護大南店	沖繩縣名護市大南一丁目 13-24 098-053-1518	10:00 ～ 20:00
うるま安慶名店	沖繩縣うるま市安慶名 3 丁目 2 番 14 號 098-972-6559	10:00 ～ 21:00
イオンタウン泡瀬店	沖繩縣沖繩市泡瀬 4-5-7 098-939-3938	10:00 ～ 21:00
沖繩美里店	沖繩縣沖繩市美原 3 丁目 18 番 15 號 098-934-7360	10:00 ～ 21:00
北谷美浜店	沖繩縣中頭郡北谷町北谷 2 丁目 18-4 098-926-1219	10:00 ～ 21:00
宜野灣店	沖繩縣宜野灣市字宇地泊浜原 558 番 14 098-890-0533	10:00 ～ 21:00
マリンプラザあがり浜店	沖繩縣島尻郡与那原町東浜 68 番 1 098-944-6011	10:00 ～ 21:00
糸満店	沖繩縣糸満市西崎町四丁目 22 番 3 098-992-0005	10:00 ～ 21:00
豊見城店	沖繩縣豊見城市字根差部 658 番 1 098-856-1552	10:00 ～ 21:00
那覇新都心店	沖繩縣那覇市おもろまち 3 丁目 4-26 098-861-8320	10:00 ～ 21:00

Birthday
ベビー・子供用品バースデイ

官網

地圖

Birthday 是日本思夢樂集團旗下專門販賣嬰兒、幼童衣服、日用品的大型賣場,我個人覺得 Birthday 衣服的質感比西松屋更優,款式設計上也超可愛!商場內除了衣服,舉凡玩具、文具、寢具、親子日用品、鞋子、雜貨……,款式、種類通通非常齊全,不輸西松屋!門口有提供嬰幼兒推車,這裡小女

孩衣服超級無敵可愛,小男孩的衣服配色也很多選擇!媽媽在這裡可以買得非常過癮!另外店內還有一個小小的親子遊戲室,很適合爸爸帶小孩玩耍,媽媽可以好好敗家!

Birthday 在沖繩也有許多分店,建議大家可以挑選自己方便前往的分店!

🔍 Birthday

年齡	0 歲～成人
參觀時間	30 分鐘～ 1 小時
嬰兒車	可推嬰兒車進入
分店資訊	

名護店(名護市)	沖繩縣名護市字名護 4558-8 ╱ 098-050-9267	11:00 ～ 20:00
うるま店(宇麻流市)	沖繩縣うるま市字前原 169-4-1 ╱ 098-982-6301	11:00 ～ 21:00
港川店(浦添市)	沖繩縣浦添市港川 250 ╱ 098-942-6111	11:00 ～ 21:00

 停車場　 洗手間　 無障礙洗手間　 哺乳室　 尿布檯　 嬰兒車友善環境　 雨天ok!

宜野座農村公園
宜野座村総合運動公園

地圖

　位於宜野座的農村公園、宜野座村綜合體育館是附近居民休閒遊憩的好去處，2017年3月沿著山坡建造而成的大型複合式溜滑梯遊具，成為當地小朋友和附近幼兒園小朋友來此玩樂的最佳溜滑梯公園。遊具以各種不同的體健訓練設施為主，攀岩、吊橋、獨木橋等，小朋友透過這些特別設計的遊具，可以訓練手腳肌肉、手眼協調性。再加上農村公園綠油油乾淨的草皮，非常舒適宜人，很適合來這裡玩耍、野餐！

　農村公園的遊具與目前沖繩最流行的大型遊具相比，似乎不夠多樣化，但沿著山坡地形興建的一個個可愛繽紛的遊具，讓人眼睛為之一亮，煩惱都會拋諸腦後，心情頓時愉悅！看著小朋友像闖關一樣，一關一關往上走，非常好玩、有趣！

🔍 宜野座農村公園

地址	沖繩縣宜野座村字惣慶 1857 番地
Map code	206 236 387*18
電話	098-968-8647
營業時間	全年無休
公休	無休

年齡	0 歲～成人
參觀時間	1 小時
嬰兒車	可推嬰兒車進入

嬰兒車友善環境

道の駅宜野座水陸新樂園
道の駅ぎのざ水遊び広場

地圖

　道の駅宜野座漢那休息站，是沖繩東海岸唯一的休息站，離沖繩高速公路宜野座交流道不遠，2018年完成的四層樓大型溜滑梯遊具，新穎好玩又刺激，小朋友來到這裡，不但可以挑戰想玩的遊具，還能在安全的戲水池中玩水。道の駅宜野座儼然就是兒童水陸新樂園，也是目前沖繩最夯、最新的兒童遊具設施。

　道の駅宜野座漢那休息站有第一、第二停車場，可能因為這個水陸新樂園開放後，整個停車場都是滿滿的車潮。這裡有各種不同造型的溜滑梯、攀繩、攀岩、兩樓的大型彈跳床與爬網、吊橋等，設施底下是舒適不吸熱的軟墊，小朋友可以開心的穿梭其中，玩得不亦樂乎！最底層還設置家長休憩區，旁邊就有廁所、沖洗區，實在是無敵貼心！

　戲水區的空間很大，小朋友可以泡在淺淺的水池中戲水！炎炎夏日，不少沖繩親子家庭都專程前來，一次免費玩到水陸兩種設施，又能消磨時間，真的超值得！小朋友玩累了，肚子餓的話，一二樓都有餐廳、咖啡廳，另一邊則是農產品特產專賣店，裡面也有不少好物伴手禮可以選購！

🔍 道の駅宜野座水陸新樂園（道の駅宜野座漢那休息站）

地址	沖繩縣國頭郡宜野座村字漢那 1633
Map code	206 204 344*26　高速公路宜野座 IC 下交流道後約 1 分鐘
電話	098-968-4520
開放時間	高速公路宜野座 IC 下交流道後約 1 分鐘
公休	無休

年齡	0 歲～成人
參觀時間	1 ～ 2 小時
嬰兒車	可推嬰兒車進入

 停車場　 洗手間　 餐飲區　 嬰兒車友善環境　 雨天ok!

金武町公園
きんタームランド

地圖

　沖繩中部東海岸金武地區的金武公園，是 2017 年整修完畢的公園，整個公園分成三大主題區，以 1～3 歲、4～6 歲、6～12 歲分齡使用適合的遊具。1～3 歲的小朋友，在專門圍起來的幼兒遊樂設施內，可以爬行、玩耍，柔軟安全的遊樂設施很適合小 baby；3～6 歲的小朋友適合使用較簡單的遊具，長頸鹿主題的溜滑梯遊樂設施，由數個不同長度、形狀的溜滑梯拼接而成，遊具底下都是軟墊，小朋友在此跑跳都非常安全；6～12 歲的遊具以城堡為造型，逗趣可愛，都是以防撞為設計基礎。結合溜滑梯、吊繩，小孩可以攀爬穿梭其中，一旁的

泰山滑索，能體驗當森林泰山的快感！天氣炎熱時，金武公園的遊樂設施還會定期噴出噴霧降溫，真是貼心。

　金武町公園是金武地區的大運動競技場，公園很大，有各式運動場、操場。金武地區因為位於沖繩中部東部，農業盛行，不像西部恩納海景飯店林立、美食餐廳眾多熱鬧，所以觀光客比較少，如果假日前來也不會人擠人。如果有機會前往沖繩中部東海岸金武、宜野座等地區遊玩，推薦可以來金武町公園走走！

🔍 金武町公園 Kin Regional park

地址	沖繩縣國頭郡金武町字金武 7758
Map code	206 109 829*56
營業時間	全年開放
公休	無休

年齡	0 歲～成人
參觀時間	1 小時
嬰兒車	可推嬰兒車進入

 洗手間

 嬰兒車友善環境

山原森林玩具美術館
やんばる森のおもちゃ美術館

官網　　　　地圖

　　沖繩北部國頭村的國頭村森林公園內，有一個非常特別的親子景點：山原森林玩具美術館。環繞在森林中的玩具美術館，裡面所有的玩具都是採用原木製作，雖然稱為美術館，但其實更像是體驗型的兒童遊樂博物館。孩子們來到這裡，玩著木頭製作成的各種玩具、球池，還可以從玩樂中感受到大自然的奧妙與奇特！

　　國頭村森林公園內的玩具美術館，是沖繩唯一的玩具美術館，跟東京玩具美術館互為姐妹館。館內以原木地板為主題，有上百種

木頭製作的玩具、球池、積木，每一種都非常精緻、有創意！其中最夯、小朋友最喜歡的遊樂設施：琉球秧雞的蛋池，裡面總共超過 5 千顆手工雕刻的球，小孩可以躺在球池裡翻滾，感受原木的大自然氣味、芬多精，充滿原始森林氣息！

　　來到山原森林玩具美術館，小朋友玩得開心，大人也能欣賞這些非常精緻的藝術品玩具！美術館為室內美術館，不怕風吹日曬雨淋，很適合雨天備案或是避暑躲太陽。

🔍 山原森林玩具美術館

地址	沖繩縣國頭村字邊土名 1094-1
Map code	485 833 452*01
電話	098-050-1022
開放時間	10:00 ～ 16:00 （最晚請於 15:30 前入館）
公休	星期四

年齡	0 歲～成人
參觀時間	1 ～ 2 小時
嬰兒車	放置門口
門票	成人（中學生以上）600 日圓、兒童（1 歲～小學生）400 日圓、兒童（1 歲以下）免費

 停車場　 洗手間　 嬰兒車友善環境　 雨天ok!

山地摩托車越野體驗

地圖

　來沖繩旅遊千萬不要錯過北部叢林越野車探險體驗，不用駕照，就可以在教練帶領下，輕鬆駕馭四輪越野車，年滿 4 歲的小孩也能在父母的陪同下，一起穿梭在神秘原始叢林中！崎嶇難行的地形、路況顛簸，還有不少泥巴大水坑，冒險過程刺激好玩，非常難忘的回憶！

　現場有提供安全耐髒的裝備，衣服、雨鞋、雨衣，所以完全不怕弄髒，整項體驗大約 70 分鐘，必須提前 30 分鐘抵達報到，領取裝備。服務人員會引導顧客選擇需要更換的衣服，不用擔心原本的衣服在體驗過程中會弄髒或不好清洗，這裡都有整套的服裝可以更換或是套在外層。因為我們體驗當天的天氣不太穩定，還下了一場大雨，服務人員建議再套一層雨衣、雨褲，整裝後就準備出發囉！

　一開始我們先練習駕駛技術，在教練帶領之下才發現原來騎乘越野車也是一門學問，跟騎摩托車不太相同。因為大雨後，場地更是泥濘，水坑積滿了水，越野車衝過水坑一整個驚險，高低起伏的山坡，以及數個泥巴水坑，真的很怕滅頂或是翻車。接下來往原始森林探險，在教練的引導下，認識山原的生態植物、呼吸清新負氧離子，開到半路，教練還準備清爽的茶飲讓我們品嚐！

　再來是體驗最精采好玩的穿越叢林探險，整段山路的寬度都只有一台車剛好可以過的距離，地上滿是泥濘，不少路都是整段泥巴河流，我們居然要騎過去，想到就一整個腎上腺素上升，超級緊張，油門要吹到底，不然有些路段還不太能通過呢！

　挑戰完山地摩托車越野體驗後，我們一行人都非常興奮，覺得物超所值！一整個愛上在叢林騎乘越野車的快感，大夥都說下趟沖繩旅行，還要再來挑戰一回！

🔍 山地摩托車越野體驗

地址	沖繩縣國頭郡東村慶佐次 718-28
Map code	485 377 644*26 （店家提供免費停車）
電話	098-043-2666
營業時間	9:00 ～ 18:00
所需時間	全程 70 分鐘（體驗開始前 30 分鐘抵達體驗地點）

年齡	一輛山地摩托車僅限一位成人乘坐，但 4 ～ 10 歲孩童需與大人同乘一輛
參觀時間	70 分鐘
嬰兒車	可推嬰兒車進入
備註	體驗開始前 30 分鐘抵達體驗地點，報到、換裝備，服裝以耐髒衣服適宜，建議可帶毛巾及換洗衣物替換。店家提供免費長靴、雨具租借

報名

 停車場　 洗手間　 嬰兒車友善環境

東村杜鵑花季

官網　　　　地圖

　　沖繩北部東村每年 3 月都會舉辦東村杜鵑花季，位於東村村民之森杜鵑花園，每年 5 萬株的杜鵑花海綻放，超級浪漫又美麗！從那霸開過來約 2 小時的路程，一入園被整座山頭種植各種品種的杜鵑花所包圍，紫色、白色、粉紫色、桃紅色，真是美不勝收！沿著指引路線賞花、漫步，站在制高點可以欣賞杜鵑花海，並能欣賞遠方的無敵海景！湛藍的太平洋搭配豔麗的杜鵑花海，美得好極致！

　　花季現場還會舉辦慶典、點燈等活動，另外還有美味的盛典小吃，餓了還有一整排的日本美食小吃可以選擇！如果 3 月有到沖繩旅遊的話，千萬別錯過這季節限定的美景。

🔍 東村杜鵑花季

地址	沖繩縣國頭郡東村平良 766
電話	098-043-2265
營業時間	全年開放
公休	無休

年齡	0 歲～成人
參觀時間	1 ～ 2 小時
嬰兒車	不適合
門票	大人 300 日圓，中學以下免費

停車場　洗手間　餐飲區

東村村民の森

官網

地圖

バンガロー(Bゾーン)
B-4～B-6

在東村杜鵑花季，我們意外發掘到東村村民の森內的鳳梨大型彈跳床、溜滑梯遊具！東村村民の森是東村村民的森林公園，裡頭有小木屋、露營場，提供各種大自然體驗、划船、紅樹林獨木舟、高爾夫球、高空爬索，以及各種採果、農家體驗、沖繩傳統工藝體驗等，總之來到東村村民の森，有各式有趣的活動，很適合安排入住兩天一夜，盡情感受大自然的洗禮！

從東村杜鵑花季過來約 2 分鐘的車程，其實就在隔壁，但看到東村村民の森的路口停車場，不要停車，因為裡面非常寬敞，要前往遊具區域必須開車才能抵達（走路可能要走 30～40 分鐘）。

經過露營場後，就會看到後方的大型鳳梨遊具！金光閃閃的鳳梨造型佇立在綠油油的草皮上，非常顯眼！遊具分為 1～6 歲、6～12 歲的分齡設施。兩層樓的遊具結合各種不同造型的溜滑梯、大型攀爬網、彈跳床，大型彈跳床有趣又好玩，小朋友可以瘋狂彈跳。從鳳梨下方可以往下攀爬到底下樓層，有秘密基地的錯覺！底部的攀爬網非常大，小朋友可以手腳並用往上爬，旁邊還有滑索，幾乎沖繩最新、最流行的兒童公園設施，這裡通通包了呢！

🔍 東村村民の森

地址	沖繩縣國頭郡東村平良 766-1
電話	098-043-3300
開放時間	全年開放
公休	無休

年齡	0 歲～成人
參觀時間	1 ～ 2 小時
嬰兒車	可推嬰兒車進入

 停車場　 洗手間　 嬰兒車友善環境

結之浜公園

地圖

　位於沖繩北部大宜味村的結之浜公園，是一個靠近海邊的絕美公園，繽紛多彩的大型遊具包含了溜滑梯、大型彈跳床、攀岩、繩索、吊橋等，遊樂設施非常豐富。站在彈跳床的制高點，可以一邊彈跳一邊欣賞絕美海景！

　結之浜公園因為在沖繩滿北邊的位置，所以觀光客比較少，可以獨享公園設施，玩耍包場非常過癮！公園兩層樓挑高的遊具，可以溜旋轉溜滑梯下來，下層能休息，上層則是超大彈跳床，吊橋、爬繩網都是以訓練肌肉、平衡為主。可愛充滿童趣的溜滑梯，需要手腳並用的爬上陡峭的樓梯。

　結之浜公園是目前沖繩北部最好玩的公園之一，前往國頭村必經之處，如果有去國頭旅遊的親子家庭，千萬不要錯過這個優質的溜滑梯、彈跳床公園。

🔍 結之浜公園

地址	沖繩縣大宜味村字塩屋 1306 番地
Map code	485 612 765*07
營業時間	全年開放
公休	無休
年齡	0 歲～成人
參觀時間	1 小時
嬰兒車	可推嬰兒車進入

停車場

洗手間

嬰兒車
友善環境

中部親子遊

比屋良川公園

地圖

　比屋良川公園位於宜野灣，是 2017 年新建設的最新公園，組合式的遊樂設施很大、豐富多元化，三層樓超高的溜滑梯遊樂設施，充滿童趣、刺激好玩！小朋友透過攀爬抵達最頂樓，瞬間溜下享受刺激快速感，數個出入口搭配多個溜滑梯，整個公園地板滿滿沙坑，無論是溜滑梯、攀岩、挖沙都可以玩得很盡興！

　公園內總共有兩個兒童組合遊樂設施，依照年齡分齡為 3 ～ 6 歲、6 ～ 12 歲使用，公園旁有一座涼亭，滿推薦可以在超商買些食物，來此野餐享用。整個公園設施新穎齊全、乾淨整潔，沙坑沒有任何雜質、垃圾，乾淨的廁所，公園旁還可以欣賞美麗的河景！春天百花綻放，往河岸走去，聆聽療癒的河流，沿著河道散步，欣賞美麗動人的櫻花！

🔍 比屋良川公園 Hiyaragawa Park

地址	沖繩縣宜野灣市嘉數 1 丁目 1
Map code	33 314 481*17
開放時間	全年開放
公休	無休

年齡	1 歲～成人
參觀時間	1 ～ 2 小時
嬰兒車	可推嬰兒車進入
備註	比屋良川停車場大約可以停 10 輛車，廁所距離兒童遊樂設施有些距離

停車場

洗手間

自動販賣機

嬰兒車
友善環境

宜野灣市民公園
宜野灣いこいの市民パーク公園

地圖

宜野灣市民公園位於一個舊城住宅區內，是非常具有獨特吸引力的公園，公園腹地寬敞乾淨，綠草如茵、兒童遊樂設施、高爾夫球、網球場、專屬滑板使用區，設施齊全！不少附近的居民傍晚都來此散步運動。宜野灣市民公園有設立公園管理處，是非常具有規劃、規模、多用途、不分年齡使用的大型公園，也是宜野灣市民放鬆休閒的最佳景點。

兒童溜滑梯遊樂設施雖不是新設備，但有各式各樣不同種類的溜滑梯，仍相當吸引小朋友們，石板溜滑梯、長滾輪溜滑梯、搖椅、蹺蹺板、泰山滑索、夏天大型戲水區，好玩有趣的遊樂設施設置在綠油油的草皮上，孩子們在此歡樂奔跑，許多沖繩小朋友下課後，都會來這跑跳玩耍（夏天前往可以幫小朋友攜帶泳衣、換洗衣服）！

🔍 宜野灣市民公園 Ikoi Citizen Park

地址	沖繩縣宜野灣市神山 1 丁目 16-13
Map code	33 346 388*66
電話	098-943-9607
開放時間	全年開放
公休	無休
年齡	1 歲～成人
參觀時間	1 小時
嬰兒車	可推嬰兒車進入

🚗 停車場　👫 洗手間　🖥 自動販賣機　🚼 嬰兒車友善環境

宜野灣海濱公園
ぎのわん海浜公園

官網

地圖

宜野灣海濱公園距離沖繩那霸市區車程約 20 分鐘，公園非常寬敞，有廣大草皮、適合野餐戲水的親水公園、美麗蔚藍的海水浴場，以及小朋友最愛的大型兒童遊樂設施、溜滑梯，帶小孩到宜野灣海濱公園，建議安排半天到一天！

宜野灣海水浴場擁有完善管理，海域平穩安全，很適合小朋友夏天來此游泳，蔚藍透明的海水、潔白無暇的海灘，適合挖沙踏浪，在一旁的餐廳點啤酒、或是選擇海灘 BBQ，沖繩 BEACH PARTY 的歡樂氣氛，特別有趣！宜野灣海濱公園目前觀光客不多，是沖繩在地人散步、踏浪、欣賞海景的私房景點。不需要入場費，還提供免費停車場，公園設施也相當完善齊全，包含了廁所、淋浴間、更衣室、沖腳池等設施！可以選擇入住附近有 Laguna Garden Hotel 大型度假飯店，附近還有宜野灣最新 Convention City 購物中心，安排兩天一夜宜野灣旅行，一次享受療癒海灘、大型購物中心、溜滑梯公園、美食！

🔍 宜野灣海濱公園 Tropical Beach

地址	沖繩縣宜野灣市真志喜 4-2-1
Map code	33 403 253*17
電話	098-897-2751
開放時間	9:00 ～ 21:30。游泳開放時間： 4 月下旬～ 10 月 30 日 9:00 ～ 19:00
公休	無休

年齡	1 歲～成人
參觀時間	1 ～ 2 小時
嬰兒車	可推嬰兒車進入

停車場　洗手間　餐飲區　自動販賣機　投幣式儲物櫃　嬰兒車友善環境

宜野灣 Round 1 STADIUM
ラウンドワンスタジアム 沖縄・宜野湾店

官網

地圖

　宜野灣 Round 1 STADIUM 是日本連鎖室內遊戲場，不怕下雨、颱風、艷陽天，是超級適合遛小孩的雨天備案景點，來到這裡可以玩上整整一天。一整棟建築包含了運動場、溜冰場、保齡球館、遊戲區、電玩，以及豐富多元化的設施親子遊戲區、球池、賽車場，大人小孩都玩得非常愉快！平日有 3 個小時的優惠方案，玩起來很過癮。走進裡面，所有運動設施、拳擊、射擊、籃球、網球、電動遊戲機通通包含，還可以選擇飲料喝到飽的方案，玩累了走到自助飲料吧，休息片刻、喝到開心！來到宜野灣 Round 1 STADIUM，可以選擇自己有興趣的活動、運動設施，5 樓、6 樓的設施，適合不同年齡層的大人小孩，在這裡玩上一整個下午，超級有趣好玩又新奇！7 樓則是青少年、成年人的室內運動場，不少沖繩當地人、美軍都會來此運動！

近年更新了好多電動遊樂設施、機台，另外結合動畫、3D、運動，也增加許多好玩的遊戲。結合 AI 的日本恐怖版一二三木頭人，碰到紅線就出局，超難，但很刺激！溜

冰場特定時間會變成賽車跑道，以及大人也可以與孩子一起享受溜冰的樂趣！我們玩到不想離開，實在是太有趣了！邁入青少年的孩子來此，也會玩得超滿足！

🔍 宜野灣 Round 1 STADIUM

地址	沖繩縣宜野灣市真志喜 3 丁目 28 番 8
Map code	33 372 598*82
電話	098-870-2110
營業時間	星期一 9:00 至隔天 6:00 ；星期二～四 10:00 至隔天 6:00；星期五及國定假日前一天 10:00 ～ 24:00；星期六 24 小時營業；星期日及國定假日至隔天 6:00
公休	無休

年齡	1.5 歲～成人
參觀時間	1.5 小時
嬰兒車	可推嬰兒車進入
門票	成人：開門～ 23:00 為 2690 日圓起 學生：開門～ 20:00 為 2490 日圓起 小學生：開門～ 23:00 為 2240 日圓起 現場有多種方案配套，90 分鐘、3 小時、整日計算，請依照現場收費為準。

停車場　洗手間　餐飲區　自動販賣機

哺乳室　尿布檯　嬰兒車友善環境　雨天ok!

卡塔哈魯公園
かたばる公園

地圖

卡塔哈魯公園是位於寧靜社區中，對觀光客來說，這是一個滿隱密、靜謐的公園。五彩繽紛的遊樂設備以太空船為主題設計，設計可愛、新穎明亮，從太空船攀爬上去，在迴旋蜿蜒的遊樂設施中操作飛向太空冒險，從幼兒到 12 歲皆可以使用，小朋友必須手眼並用攀爬上太空船。

除了太空船遊樂設施，旁邊也有適合幼童的遊樂器材。公園沒有停車位，有提供廁所、涼亭，以及一個寬敞的草皮，附近的初中生下課後會來這裡踢足球、打棒球。卡塔哈魯公園附近有超市、西松屋，距離宜野灣海濱公園也很近，媽媽們可以安排購物逛街後，帶小朋友來此運動、放風。

🔍 卡塔哈魯公園 Katabaru Park

地址	沖繩縣宜野灣市宇地泊 743
Map code	33 372 388*81
開放時間	全年開放
公休	無休

年齡	1 歲～成人
參觀時間	1 ～ 2 小時
嬰兒車	可推嬰兒車進入

 洗手間　 自動販賣機　 嬰兒車友善環境

Nishibaru 公園
にしばる公園

地圖

　Nishibaru 公園位於沖繩中部浦添市，以海盜船設計主題的兒童公園。沖繩因為鄰近海，所以有不少以船為主題設計的公園，但 Nishibaru 公園算是以船為主題眾多公園中，最有趣、設施最豐富的公園！小朋友穿梭在船上、船艙，會發現不少隱藏版的遊樂器材在船內，攀爬到甲板、從船上滑索溜下來、搭乘滑索椅子快速飛越、冒險，在這裡彷彿進入電影中加勒比海神鬼奇航的場景，小朋友盡情扮演船長、海盜，攻擊敵人。整個海盜船的下方是軟軟綿密的沙坑，小孩也可以帶著挖沙工具，在此玩沙！

　Nishibaru 公園目前沒有很多觀光客知道這個景點，所以來此玩樂的小朋友，都以沖繩親子家庭為主，公園內沒有停車場，可以停放公園周邊。

🔍 Nishibaru 公園

地址	浦添市西原 5 丁目 13
Map code	332 842 43*34
開放時間	全年開放
公休	無休
年齡	1.5 歲～成人
參觀時間	1 小時
嬰兒車	可推嬰兒車進入

洗手間

自動販賣機

嬰兒車友善環境

129

BLUE SEAL ICE PARK
冰淇淋體驗型博物館
ブルーシールアイスパーク

來到沖繩，如果沒有吃過沖繩最有名的冰淇淋 BLUE SEAL，實在是白來了！BLUE SEAL 牧港總店旁設立了一間 BLUE SEAL ICE PARK 冰淇淋體驗型博物館，水藍色、白色相間的建築外牆，繽紛可愛充滿童趣！在這裡可以預約超酷的手作 DIY 冰淇淋裝飾體驗，體驗時間每日都有固定時間，記得提前預約，帶著小朋友一起來同樂，製作屬於自己獨一無二的冰淇淋吧！

粉嫩柔和的店內佈置，處處可見冰淇淋的蹤跡！可愛冰淇淋椅、牆面都讓人忍不住大喊，好可愛！手作 DIY 需要到官網預約體驗時間，建議提早預約，每個場次都有限制人數，以免旺季時客滿。BLUE SEAL ICE PARK 冰淇淋體驗型博物館 10 點開門，預約時間到就可以進入櫃檯報到，繳交 1000 日圓的 DIY 費用，如果遲到超過 15 分鐘，體驗將會被取消！

體驗服務人員會帶小朋友去參觀 -20 度的冰雪世界，感受 -20 度的冰凍感覺。裝飾冰淇淋 DIY，小朋友可以先選擇自己喜歡的冰棒形狀，再添加配料裝飾，並淋上自己挑選的巧克力醬，完成一支專屬於每個小朋友的冰淇淋脆皮雪糕。這項體驗不但會贈送保冰袋（包覆雪糕用），完成作品的小朋友可以找服務人員領取一支霜淇淋，非常物超所值！若是下次到訪沖繩，還想體驗的話，可以攜帶前一次體驗贈送的保冰袋，還會有意想不到的小禮物唷！！

備註：整修中，預計 2024 年 7 月開業

🔍 BLUE SEAL ICE PARK 冰淇淋體驗型博物館

地址	沖繩縣浦添市牧港 5 丁目 5
Map code	33 341 504*40
電話	098-988-4535
營業時間	10:00 ～ 21:00
公休	無休

官網　　　　地圖

預約網址

年齡	3 歲～成人　　參觀時間　　1 小時
嬰兒車	可推嬰兒車進入
體驗方案	冰棒製作體驗

價格：1000 日圓（含冰棒 1 支、附贈保冷袋）

場次：10:30、14:00、16:00、18:00、20:00（需上官網預約）

* 體驗時間：40 分鐘（10 歲以下兒童需有家長陪同）

* 下次體驗自備保冷袋，還有折扣

停車場　洗手間　餐飲區　尿布檯　嬰兒車友善環境　雨天ok!

浦添大公園

地圖

　帶小孩到沖繩，千萬不可錯過傳說中沖繩約有 90 公尺、怪獸等級的超長溜滑梯！沒錯，網路上瘋狂轉發、媽媽們口耳相傳，沖繩最長、最刺激的溜滑梯，就在浦添大公園！從超長溜滑梯溜下來時，有居高臨下穿越高速公路的錯覺！除了好玩刺激的溜滑梯外，公園內也有適合各年齡層的兒童遊樂設施。

　浦添大公園從那霸市開車過來大約 15 分鐘，滿適合安排穿插從那霸到美國村的途中，讓孩子來此玩耍消耗體力。雖說沖繩有不少特色公園，但浦添大公園是人氣 no.1 的超棒公園，不但沖繩親子家庭假日會帶小朋友來玩耍，不少觀光客也專程帶小朋友來朝聖體驗沖繩最有特色的溜滑梯公園！公園內以大型親子遊樂設施，豐富齊全的體健設施為主，大型的攀爬設施、小小朋友適合玩耍的溜滑梯，當然無敵驚險刺激、長達 90 公尺的滾輪式溜滑梯，是大家最推崇的設施，包準大人小孩都會愛上這個充滿魅力、有特色的浦添大公園。

🔍 浦添大公園

地址	沖繩縣浦添市伊祖 115-1
Map code	33 282 769*67
電話	098-873-0700
開放時間	全年開放
公休	無休

年齡	1 歲～成人
參觀時間	1～2 小時
嬰兒車	可推嬰兒車進入

 停車場　 洗手間　 自動販賣機　 嬰兒車友善環境

備註　1.公園停車場處是大面積的墓地，從停車場走到公園，會經過墓地旁

2.浦添大公園停車場 10:00 才開放停車（早上清潔人員打掃中）

浦添大公園 C 區
浦添大公園 C ゾーン

地圖

　　浦添大公園 C 區是以樹屋探險為主題的遊樂設施，與之前 90 公分超長的滾輪溜滑梯 B 區不同區域。浦添大公園 C 區遊具繽紛豐富多元化，包含了滾輪溜滑梯、吊橋、攀岩、蹺蹺板、單槓、滑索，整個公園的地板都是軟墊設計，旁邊還有附設遮陽休息區，公園圍繞在森林中，舒適愜意，設施依照年齡分層，小朋友在這裡玩耍、奔跑都非常安全！

　　浦添大公園 B 區和 C 區的停車場、出入口都不同，建議大家可以先確認要到哪一區玩，設定好 Map code 就不會走錯囉！浦添大公園 C 區設計以 1 ～ 6 歲學齡前的孩童遊具為主，停車場也不必經過一大片墳墓，比較忌諱的家長可以選擇這裡樹屋探險的遊具。

　　浦添大公園 C 區設施很完整，有親子廁所、販賣機，1 ～ 3 歲幼兒玩的遊具用圍籬圍起來，圍籬內都是軟墊；3 ～ 6 歲繽紛的樹屋探險，遊具有 35 種器材，每個設計都有獨特的訓練意義！

　　浦添大公園 C 區可以玩上 1 ～ 2 個小時，這是沖繩很新穎、很夯的遊樂設施，到沖繩千萬不要錯過唷！

🔍 浦添大公園 C 區（樹屋探險）

地址	沖繩縣浦添市伊祖 115-1
Map code	33 312 112*02
營業時間	全年開放
公休	無休

年齡	0 ～成人
參觀時間	1 小時
嬰兒車	可推嬰兒車進入

停車場

洗手間

自動販賣機

嬰兒車
友善環境

BLUE SEAL 牧港本店 ブルーシール牧港本店

夏天來到沖繩，一定要品嚐在地人都推薦的 BLUE SEAL。BLUE SEAL 是沖繩本土自創的冰淇淋品牌， 1948 年為了提供美軍而打造的冰淇淋品牌！BLUE SEAL 牧港本店也是沖繩第一間 BLUE SEAL 店面，歷史悠久、在沖繩已經有 50 多年的歷史。門口擺放了巨大的冰淇淋霓虹燈，旁邊則是目前沖繩最新、最夯的親子手作裝飾冰淇淋 DIY，BLUE SEAL ICE PARK 冰淇淋體驗型博物館。

BLUE SEAL 牧港本店以美好懷舊的沖繩美式懷舊風格為主，走進店內古董沙發、沈穩色調的佈置、裝潢等，彷彿回到 1970 年代美國復古的時空中，非常有懷舊的氣氛！店內販售各式各樣、口味不同的美味冰淇淋、聖代、冰沙、霜淇淋，營業時間更長達至凌晨，非常適合來品嚐道地香濃的冰淇淋美食。

在沖繩雖然有非常多間 BLUE SEAL，幾乎每到一個景點、觀光區域都可以看到 BLUE SEAL 販售店，但 BLUE SEAL 牧港本店是沖繩最古老、最有特色的一間 BLUE SEAL 專賣店。當然店內販售的冰淇淋也與一般專賣店略有不同！多了許多聖代裝飾冰淇淋、創意冰淇淋，冰淇淋口味也種類更多，當然還有牧港本店限定版冰品，炎炎夏日到沖繩千萬不可錯過如此美味可口的消暑聖品！除了冰品，店內餐點也有漢堡、馬鈴薯、熱狗等美式料理可以選擇。

BLUE SEAL 牧港本店還有提供外幣換匯服務！

備註：整修中，預計 2024 年 7 月開業

Q BLUE SEAL 牧港本店

地址	沖繩縣浦添市牧港 5-5-6
Map code	33 341 504*40
電話	098-877-8258
營業時間	星期日～四 9:00 ～ 24:00
	星期五、六 9:00 ～凌晨 1:00
	漢堡的最後點餐時間：凌晨 00:00
	馬鈴薯、聖代、冰淇淋派的最後點餐時間：凌晨 00:30
公休	無休
年齡	0 歲～成人
參觀時間	1 小時
嬰兒車	可推嬰兒車進入

官網　　　　地圖

停車場　洗手間

餐飲區　尿布檯　嬰兒車友善環境　雨天ok!

浦添小鎮公園
まちなと公園

地圖

　まちなと浦添小鎮公園隱藏在浦添市牧港巷弄中，是一個擁有超長溜滑梯的社區型公園！公園雖然屬於社區公園，但兒童遊樂設施的規模非常讓人驚艷，依地形沿著山坡建立的溜滑梯，好玩刺激，其他大型的遊樂設施更是依照不同年齡層的孩童設計規劃而成。公園腹地不大，但將溜滑梯、攀爬設施、吊橋繩索通通連接一起，設施出入口環環相扣，讓孩子們可以自在地穿梭其中！

　最長滾輪溜滑梯必須攀爬上城堡最高點，一路往下滑行，整個公園佈滿了兒童遊樂設施，非常壯觀！幼童遊樂設施以飛機為主體造型，很可愛逗趣！因為屬於社區型的公園，所以附近沒有附設停車場，建議可以開到公園後方找尋停車位，切記不要亂停在別人家門口或是馬路上。公園內有廁所、飲水服務。

🔍 浦添小鎮公園

地址	沖繩縣浦添市牧港 2-43-2
Map code	33 342 065*63
開放時間	全年開放
公休	無休
年齡	1 歲～成人
參觀時間	1 小時
嬰兒車	可推嬰兒車進入

洗手間　嬰兒車友善環境　自動販賣機

中城公園

地圖

位於沖繩中城村、北中城村的中城公園，是免費遊樂設施中最豐富的公園，也是沖繩最大縣營公園，遊樂設施多樣化，包含了溜滑梯、彈跳床、大型繩索攀爬網、沙坑……，從幼兒到 12 歲的孩童都有適合的遊樂設施選項！停車的部分建議停在西區停車場，旁邊有販賣機、廁所。一停好車，就被繽紛大型的遊具、歡樂的氣氛感染了呢！

公園總共依照年齡分成三個區域的遊樂設施，幼兒區以小型的溜滑梯、沙坑，以及一些訓練手眼協調的教具為主，設施相當齊全。以大型木製遊樂設施的溜滑梯，有不同種類的溜滑梯，長長的滾輪溜滑梯，刺激好玩，整體的設施非常有質感、穩固、安全！

公園中最高處的設施，以大型彈跳床跟數個螺旋溜滑梯，深受小朋友歡迎，彈跳床旁還有數個不同造型的溜滑梯，彈跳床底下還有大型的網繩攀爬，跟不少有趣的遊具，玩上好幾個小時都不嫌膩！

🔍 中城公園

地址	沖繩縣北中城村字大城 503 番地
Map code	33 410 668
開放時間	全年開放
公休	無休
年齡	6 個月～成人
參觀時間	1 ～ 2 小時
嬰兒車	可推嬰兒車進入

停車場

洗手間

自動販賣機

嬰兒車友善環境

南上原糸蒲公園
みなみうえばるいとかまこうえん

地圖

沖繩中部中城村除了知名的中城公園外，其實在南上原還有一個臨海非常美麗的糸蒲公園，綠油油新穎乾淨的草皮，是當地親子家庭休閒時最喜歡野餐的地點之一。週末還會有許多餐車、小攤販在公園旁邊擺攤，非常熱鬧！

這裡的兒童遊樂設施以建築在山坡上，超長藍色的木板溜滑梯為主，從高聳的山坡瞬間溜下去，速度快速又刺激。另外，繽紛彩色豐富、形式多樣化的組合遊樂設施，更讓小朋友玩得樂此不疲！對於年齡層比較小的小朋友，也非常適合在糸蒲公園玩耍，簡單的蹺蹺板、盪鞦韆，還有小聿最喜歡的三角形攀爬網……，玩累了，沿著海邊散步走走，也是非常棒的假期！

🔍 南上原糸蒲公園 Minamiuebaruitokabano Park

地址	沖繩縣中城村南上原 1085
Map code	332 872 09*65
開放時間	全年開放
公休	無休
年齡	1 歲～成人
參觀時間	1 小時
嬰兒車	可推嬰兒車進入

 停車場
 洗手間
 自動販賣機
 嬰兒車友善環境

永旺夢樂城沖繩來客夢
イオンモール沖縄ライカム

沖繩永旺夢樂城沖繩來客夢 AEON MALL Okinawa Rycom 於 2015 年開幕，目前是沖繩最大、最具規模的購物中心，裡面的店舖、美食將近有 250 間左右，整個商場占地有四個東京巨蛋大，裝潢新穎、乾淨舒適！

不少知名品牌 Gap、H&M、AMERICAN EAGLE、Pokemon store 寶可夢專賣店、Bic Camera、XLARGE、AEON STYLE 綜合超市、Rycom Gourmet World 甜甜圈、BREEZE、Village Vanguard 等，還有數十家嬰幼兒用品、童裝，超級好買好逛！每到假日停車一位難求，建議可以盡量選擇平日

來此敗家，商場總共五層樓的建築，逛一整天都逛不完！除了室內商場外，還有戶外花園、展場表演區，當然最吸晴的莫過於一樓的超大水族箱，超過 100 噸大容量的水族箱，裡頭有很多繽紛多彩的熱帶魚，還可以看到龍王魚、豹紋鯊等特別的魚種呢！

我們是自駕前往永旺夢樂城沖繩來客夢，從那霸市區開過來大約 40 分鐘左右，平日停車位也找了滿久的，如果不是自駕的朋友，也可以從那霸機場、那霸巴士總站、旭橋、新都心、美國村等搭巴士過來。

🔍 永旺夢樂城沖繩來客夢 AEON MALL Okinawa Rycom

地址	沖繩縣中頭郡北中城村泡瀨土地區劃整理事業地
Map code	33 530 230*14
電話	098-930-0425
營業時間	10:00 ～ 22:00
公休	無休

官網　　　地圖

年齡	0 歲～成人
參觀時間	2 ～ 4 小時
嬰兒車	可推嬰兒車進入

停車場　洗手間　無障礙洗手間　餐飲區　自動販賣機

哺乳室　尿布檯　嬰兒車租借　嬰兒車友善環境　雨天ok!

琉京甘味
サンスーシー

琉京甘味 SANS SOUCI 位於北中城非常隱密的巷弄社區住宅中，融合沖繩、京都風格的小店，是一間充滿濃濃日本雜貨風，販售京都美食的餐廳，餐廳內有專屬於兒童用餐遊戲區，小朋友吃飽飯可以在小巧精緻的遊戲區玩耍，加上距離中城公園只要車程 3 分鐘，小朋友在中城公園盡情放電玩耍後，可以順路安排來此用餐！

一進入店內滿滿的用餐人潮，內部環境非常多元素，整間店充滿了擺設、雜貨！兒童遊戲兼用餐區，潔白美麗的空間，採光非常好，三張桌椅圍成一個小小的遊戲區，中間擺放著玩具、火車鐵軌、小黑板，相當精緻逗趣。親子丼飯的擺盤好有質感，嚴選食材，軟嫩的蛋搭配雞肉拌炒烹煮，打上一顆蛋，香濃潤滑的口感、醬汁真的非常美味，一整個就是小朋友的最愛！咖哩豬肉丼飯，香濃咖哩融合青菜、軟嫩多汁的豬肉，最後淋上一顆鮮豔飽滿的蛋黃，口感多層次又豐富，但咖哩帶了點微辣的口感，比較不適合小朋友。

　充滿京都風味的巴菲，是我一向最期待的甜點，白玉、抹茶冰淇淋、紅豆，完全不會過於甜膩！超高的玻璃杯內置入了好多不同元素的食材，挖一口融化在嘴中的抹茶香氣，刺激著味蕾，沒想到在沖繩居然有機會可以品嚐道地京都的巴菲，真是太感動了！琉京甘味真的是一間非常值得帶小朋友前往用餐的餐廳、咖啡廳，精緻可口的餐點，平易近人的價位，舒適的用餐環境都讓我們度過一個非常愜意、慵懶的午後。

京都甜點巴菲

🔍 琉京甘味 SANS SOUCI

地址	沖繩縣中頭郡北中城村萩道 150-3 パークサイド #1822
Map code	33 440 524*4
電話	098-935-1012
營業時間	星期一～四 11:00 ～ 15:00；星期五～日 11:00 ～ 15:00、18:00 ～ 20:00
公休	不定期休假
年齡	0 歲～成人
參觀時間	1 ～ 2 小時
嬰兒車	可推嬰兒車進入

 官網　　 地圖

 停車場　 洗手間　 餐飲區

 自動販賣機　 尿布檯　 嬰兒車友善環境　 雨天ok!

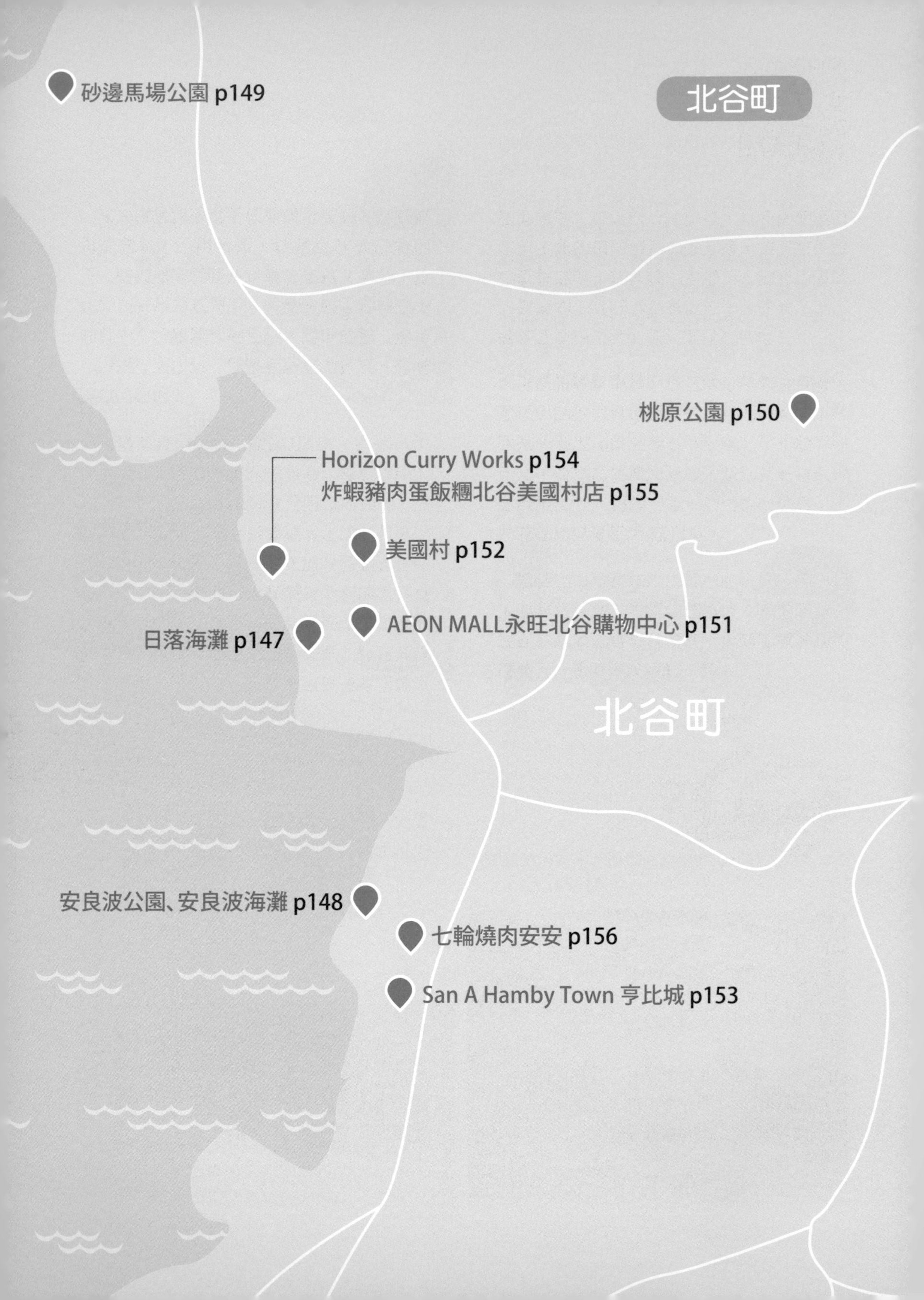
北谷町
砂邊馬場公園 p149
桃原公園 p150
Horizon Curry Works p154
炸蝦豬肉蛋飯糰北谷美國村店 p155
美國村 p152
AEON MALL永旺北谷購物中心 p151
日落海灘 p147
北谷町
安良波公園、安良波海灘 p148
七輪燒肉安安 p156
San A Hamby Town 亨比城 p153

地圖

日落海灘
北谷サンセットビーチ

Sunset Beach 日落海灘位於美國村 American Village 旁，附近有飯店、購物中心，很適合安排在美國村血拼逛街後，來此欣賞無敵海景、日落美景。日落海灘是一座人工沙灘，非常適合觀賞美麗夕陽餘暉的人氣景點，也是許多電影、MV 都會來此拍攝、取景的選擇。

大港灣內的海水清澈平穩、晶瑩剔透，終年適合游泳戲水，常常有不少遊客在此遊玩。雖說是沖繩欣賞夕陽最佳景點，但我們一大早來游泳，溫暖的陽光灑在海面上，非常美麗動人，不少親子家庭都會選擇早上前來。浪漫的日落海灘也很適合情侶約會、新人們拍婚紗。海灘雖然是免費進入，不另外收門票費用，但設施相當齊全、海灘保持得非常整潔乾淨，提供陽傘租借，還有長椅桌子、淋浴間，隨時也有救生員在旁邊關注保護遊客戲水的狀況。

🔍 日落海灘 Sunset Beach

地址	沖繩縣北谷町美浜 2
Map code	33 496 844*67
電話	098-936-8273
開放時間	9:00 ～ 18:00（游泳 4 ～ 10 月底）
公休	無休
年齡	0 歲～成人
參觀時間	1 小時
嬰兒車	可推嬰兒車進入

 停車場　 洗手間　 自動販賣機　 投幣式儲物櫃　 嬰兒車友善環境

地圖

安良波公園、安良波海灘
アラハビーチ

　　安良波公園位於美國村，是一個融合絕美海景、細白綿延沙灘、綠色大草皮、海盜船兒童遊戲設施的超好玩公園，從我們前一晚入住的 Y's Ocean Araha 海濱公寓，在陽台就可以欣賞到安良波蔚藍的海景，所以隔天一早我們決定先來安良波公園走走、踏浪。

　　安良波公園免費停車、不收入場費，但是淋浴、沖腳、租陽傘等就需要另外收費。公園設有管理處，整個環境非常乾淨、美麗！公園內最吸引小朋友的莫過於海盜船造型的兒童遊樂設施，可以攀爬到海盜船最頂端，扮演起神鬼奇航中傑克船長搖旗吶喊，感覺非常有趣！這是一個可以在海灘游泳、挖沙，又有超好玩的兒童遊樂設施的公園，動人的海景、白色浪漫的沙灘，無論哪個時間來，都讓人醉心不已！

🔍 安良波公園、安良波海灘 Araha Park

地址	沖繩縣北谷町美濱 2-21（距離美國村開車 5 分鐘）
Map code	33 496 009*30
電話	098-926-2680
開放時間	9:00 ～ 18:30（游泳 4 ～ 10 月底）
公休	無休

年齡	1 歲～成人
參觀時間	1 小時
嬰兒車	可推嬰兒車進入

 停車場　 洗手間　 自動販賣機　 投幣式儲物櫃　嬰兒車友善環境

砂邊馬場公園

地圖

位於北谷美國村附近的砂邊馬場公園，深受當地居民以及居住於此的美軍家眷喜愛，小巧舒適的公園，可以欣賞無敵海景、挖沙，走在臨海步道上吹著海風，欣賞美麗的海景，感受沖繩不一樣靜謐的美景！

砂邊馬場公園附設的兒童體健遊樂設施，雖然設施不夠新穎，但可愛的鯨魚造型，充滿濃濃的海洋氣息，遊樂設施也算是齊全，適合小朋友爬上爬下、消耗體力、盡情玩耍，攀繩、長長滾輪溜滑梯、螺旋溜滑梯、

吊橋……一旁還有搖椅、鞦韆，遊樂設施也有分齡為兒童、幼兒區域，保證讓小孩們玩得不亦樂乎，不想離開！家長只需坐在一旁的椅子上，看著孩子盡情嬉戲、奔跑，這就是超棒又歡樂的沖繩親子遊！另一區還有一塊籃球場，不少青少年正在籃球場上奔馳呢！

選擇住在北谷美國村飯店的家庭，除了逛街行程外，也可以安排帶小朋友來砂邊馬場公園放風、活動筋骨。

🔍 **砂邊馬場公園 Sunabe Baba Park**

地址	沖繩縣北谷町字砂辺 1 番地の 4
Map code	33 584 558*57
開放時間	全年開放
公休	無休

年齡	1 歲～成人
參觀時間	1 小時
嬰兒車	可推嬰兒車進入

 停車場　 洗手間　 自動販賣機　 嬰兒車友善環境

149

地圖

桃原公園

　　桃原公園位於沖繩北谷町，距離美國村不遠，是一個擁有 83 公尺長的迴旋滾輪溜滑梯公園。非常有挑戰性的超長溜滑梯，必須爬上最高處溜滑梯入口，才可以享受居高臨下的刺激速度快感，中途孩子們必須手眼並用，且滑動身體，才可以保持溜下來的速度感，雖然刺激好玩，但安全性高！

　　公園內的設施除了超刺激又長的溜滑梯外，還有一個依照山坡地形的大型攀繩爬網，小聿很喜歡這個充滿刺激跟高低落差的大型攀爬網，他可以像蜘蛛人一樣爬上爬下，不但手腳並用，還可以增加肌肉強度以及發展！

　　桃原公園受到不少沖繩當地孩子的喜愛，也有不少觀光遊客專程慕名而來！溜滑梯最上方還有一個高塔展望台，適合登高望遠欣賞沖繩無敵海景，夜晚觀星也非常美麗。公園的另外一面則是寬敞的森林步道，不少沖繩家庭假日都會帶著孩子們來此野餐、散步，享受大自然的美好時光！

🔍 桃原公園 Tobaru Park big slide

地址	沖繩北谷町吉原 554-1 番地
Map code	33 558 166*50
開放時間	全年開放
公休	無休

年齡	6 歲～成人
參觀時間	1 小時
嬰兒車	可推嬰兒車進入

 停車場　 洗手間　 自動販賣機　 嬰兒車友善環境

AEON MALL 永旺北谷購物中心
イオン北谷店

官網

地圖

　　位於北谷町美國村的 AEON MALL 永旺北谷購物中心，是一間非常大型腹地寬廣的 shopping mall，總共有兩層樓，一樓以超市、衣服、雜貨、星巴克、甜甜圈、章魚燒等小點心、麵包為主；二樓則是玩具、嬰幼兒用品、兒童衣服、文具，還有美食街，很適合臨時補給、採買，不但常常有折扣，還可以退稅！冬天風大躲進來逛街享受購物樂趣，夏天炎熱躲進來吹吹冷氣，品嚐美味冰品，都是非常棒的選擇！充滿了異國風情的美國村，機能好、逛街便利，鄰近日落海灘，以及有許多美食、飯店，在這裡逛上一整天都逛不完。

　　來到美國村一定要逛的有三個購物中心：AEON MALL 永旺北谷購物中心、美國村 CARNIVAL PARK MIHAMA 摩天輪購物中心、Hamby town 亨比城，這三個購物中心不可錯過！ AEON MALL 永旺北谷購物中心超級好逛好買，想買什麼來這裡準沒錯！

🔍 AEON MALL 永旺北谷購物中心

地址	沖繩縣中頭郡北谷町字美浜 8 番地の 3
Map code	33 526 212*28
電話	098-982-7575
營業時間	10:00 ～ 22:00
公休	無休
年齡	0 歲～成人
參觀時間	1 ～ 2 小時
嬰兒車	可推嬰兒車進入

 停車場　 洗手間　 餐飲區　 自動販賣機

 哺乳室　 尿布檯　 嬰兒車友善環境　雨天ok!

美國村
美浜アメリカンビレッジ

官網　　　　　地圖

　　美國村位於北谷町美浜，是美軍歸還的基地改建，為沖繩目前最夯、最新開發的區域。因鄰近美軍基地，這裡聚集了住宅、美食、購物中心、海灘、運動中心等，是一個全方位適合逛街、戲水的度假聖地。其中美國村購物中心模仿了美國西海岸街道中的場景，懷舊的氣息，聚集多棟購物中心、百貨公司、美食餐廳、度假飯店、電影院，以 Depot Island 沖繩最大的娛樂度假商城、AMERICAN VILLAGE 摩天輪購物中心為中心點。

　　購物中心開放式的建築，可以坐著感受濃

濃的懷舊美國氣息，坐在室外美食餐廳，點上一杯飲品，吹著海風，感受屬於沖繩美國村的熱鬧氣氛。美國村從中午就陸續開始有不少逛街人潮，一直到深夜；另外延伸的區域還有北谷 AEON MALL，以及沿海的美食餐廳，逛街逛累了還可以走到北谷公園，欣賞美麗的大海、戲水，也滿推薦選擇一家設備齊全的無敵海景飯店，享受沖繩親子度假的悠閒愜意！

🔍 美國村

地址	沖繩縣中頭郡北谷町美濱
Map code	33 526 484
營業時間	依照各購物中心、店面時間不同營業
公休	無休

年齡	0 歲～成人
參觀時間	1～2 小時
嬰兒車	可推嬰兒車進入

 停車場　 洗手間　 餐飲區　 自動販賣機　 嬰兒車友善環境　 雨天ok！

San A Hamby Town 亨比城
サンエー ハンビータウン

官網

地圖

　美國村靠近安良波公園海灘附近的 Hamby town 亨比城，不但有大型超市、雜貨、日常用品、藥妝、美食，每到週末總是人潮滿滿，與美國村摩天輪的 Carnival Park Mihama 購物中心不大相同，反而更貼近生活日常用品。

　Hamby town 亨比城裡不但有無印良品、日本保養品化妝品專櫃、嬰幼兒日用品等，還有超大間的 SAN-A 超市，無論購買生鮮、蔬果、熟食，這裡都是非常棒的選擇。Hamby town 亨比城購物中心腹地非常寬敞，如果住在美國村附近公寓的親子家庭，要採買購物就很方便，畢竟要前往 AEON MALL 北谷店還要開車過去！ Hamby town 亨比城是很受沖繩年輕人喜歡的購物中心，有不少新穎、流行的服飾、雜貨，如果有到美國村，千萬別錯過囉！

🔍 San A Hamby Town 亨比城

地址	沖繩縣中頭郡北谷町字北前 1-2-3
Map code	33 466 643*03
電話	098-936-9100
營業時間	9:00 ～ 22:00
公休	無休

年齡	0 歲～成人
參觀時間	1 ～ 2 小時
嬰兒車	可推嬰兒車進入

停車場　洗手間　餐飲區　自動販賣機　哺乳室　尿布檯　嬰兒車友善環境

Horizon Curry Works

ホライズン カレーワークス

地圖

到沖繩美國村覓食，有非常多選擇，可以考慮除了燒肉、迴轉壽司外，也很推薦找一間面海的海景餐廳，享受一下品嚐有異國風情的美食吧！Horizon Curry Works 是一間擁有露天雅座，提供多種不同口味咖哩的無敵海景咖哩餐廳，店內販售每一種咖哩的口感都不一樣！還列出受男性、女性歡迎的咖哩排名！

每一種咖哩味道變化差異都非常大，最特別的就是石燒起士咖哩飯，店家會使用噴槍噴在咖哩、馬鈴薯、起士上，咖哩配上滿滿的起士，美味又很罪惡，濃郁的口感真的非

常夠味！夏威夷咖哩，是女性排名第一的咖哩，主要有培根、漢堡肉、蛋，還有傘，哈哈～其實咖哩配料最為豐富，裝飾又很可愛，不愧是女性排行第一名的咖哩。不得不說 Horizon Curry Works 不但擁有絕佳海景，咖哩也相當好吃，非常適合帶小朋友用餐唷！

中午左右來到 Horizon Curry Works，消暑吹吹冷氣，大啖美食、欣賞美景，點上一杯飲料，欣賞美麗無敵海景，沖繩的海透明蔚藍，充滿了療癒放鬆的氣息！

Horizon Curry Works

地址	沖繩縣中頭郡北谷町美浜 9-46
Map code	33 525 380*08
電話	098-989-8012
營業時間	星期一～五 11:00 ～ 22:00、星期六日 08:00 ～ 22:00
公休	無休
年齡	0 歲～成人
參觀時間	1 小時
嬰兒車	可推嬰兒車進入

 停車場　 洗手間　 餐飲區　 嬰兒車友善環境　 雨天ok！

炸蝦豬肉蛋飯糰北谷美國村店
ポーたま北谷アメリカンビレッジ店

官網　　　　　　地圖

說到沖繩必吃的隱藏版早餐，一定都會推薦炸蝦豬肉蛋飯糰，以前必須一大早起床，到那霸國際通第一牧志公設市場內排隊購買，現在北谷町美國村就有分店囉。入住美國村飯店時，可以選擇不購買早餐，來此品嚐超正點的豬肉蛋飯糰，想吃隨時來買，完全不用大排長龍，對想吃美食的親子家庭來說，真的方便不少！

傳說中、網路上口耳相傳的超好吃豬肉蛋飯糰，就在美國村 Depot Island Seaside 大樓區、VESSEL HOTEL 別館旁邊的落日步道，點上一份豬肉蛋飯糰，不油不膩，紮實飽滿，厚實的豬肉、嫩蛋真的超級美味。美國村北谷店還有推出限定款飯糰，超紮實厚厚的一層，包覆了生菜、豬排，淋上特製的醬汁，限定款包覆的海苔是炸過的，一口咬下卡茲香酥，非常美味！

如果有來美國村的話，千萬別錯過大家激推的早餐美食炸蝦豬肉蛋飯糰本店！

🔍 炸蝦豬肉蛋飯糰（美國村北谷店）Onigiri Breakfast

地址	沖繩縣中頭郡北谷町美浜 9-21
Map code	33 525 349*33
電話	098-921-7328
營業時間	7:00 ～ 19:00
公休	無休
年齡	0 歲～成人
參觀時間	30 分鐘
嬰兒車	可推嬰兒車進入

停車場　洗手間　餐飲區

尿布檯　嬰兒車友善環境　雨天ok！

七輪燒肉安安 ♥

官網　　　　地圖

　　來到日本一定會吃的就是正統的日式燒肉，美國村安良波公園旁，就有一家連鎖的日式燒肉「七輪燒肉安安」。七輪燒肉是單點式的燒肉，價位平價，店內座位舒適，也沒有煙霧彌漫的油煙，來這邊享用高檔的食材，感受炭火的溫度。

　　點餐的方式是使用平板電腦點餐，介面是日文版跟英文版，其實很簡單，都有圖片可以參考。另外一點覺得很棒的是，確認訂單後，上菜速度很快，服務人員的態度也很和善，食材很新鮮，切的厚度也很剛好，某些

肉品會有調好的醬汁淋在上面，快火烤一下就可以吃了，肉質鮮嫩可口，CP 值還滿優質的，每份份量都不多，吃完後，有種意猶未盡的感覺，但也因為這樣，還可以安排再去美國村逛街、品嚐其他美食！

🔍 七輪燒肉安安 AnAn Chatan Branch

地址	沖繩中頭郡北谷町北谷 2-13-6
Map code	33 466 731*42
電話	098-936-0119
營業時間	星期一～六 17:00 ～ 5:00 、星期日 11:30 ～ 5:00
公休	無休
年齡	0 歲～成人
參觀時間	1 ～ 2 小時
嬰兒車	嬰兒車需放置門口

 停車場
 洗手間
 餐飲區
 雨天ok!

讀谷村

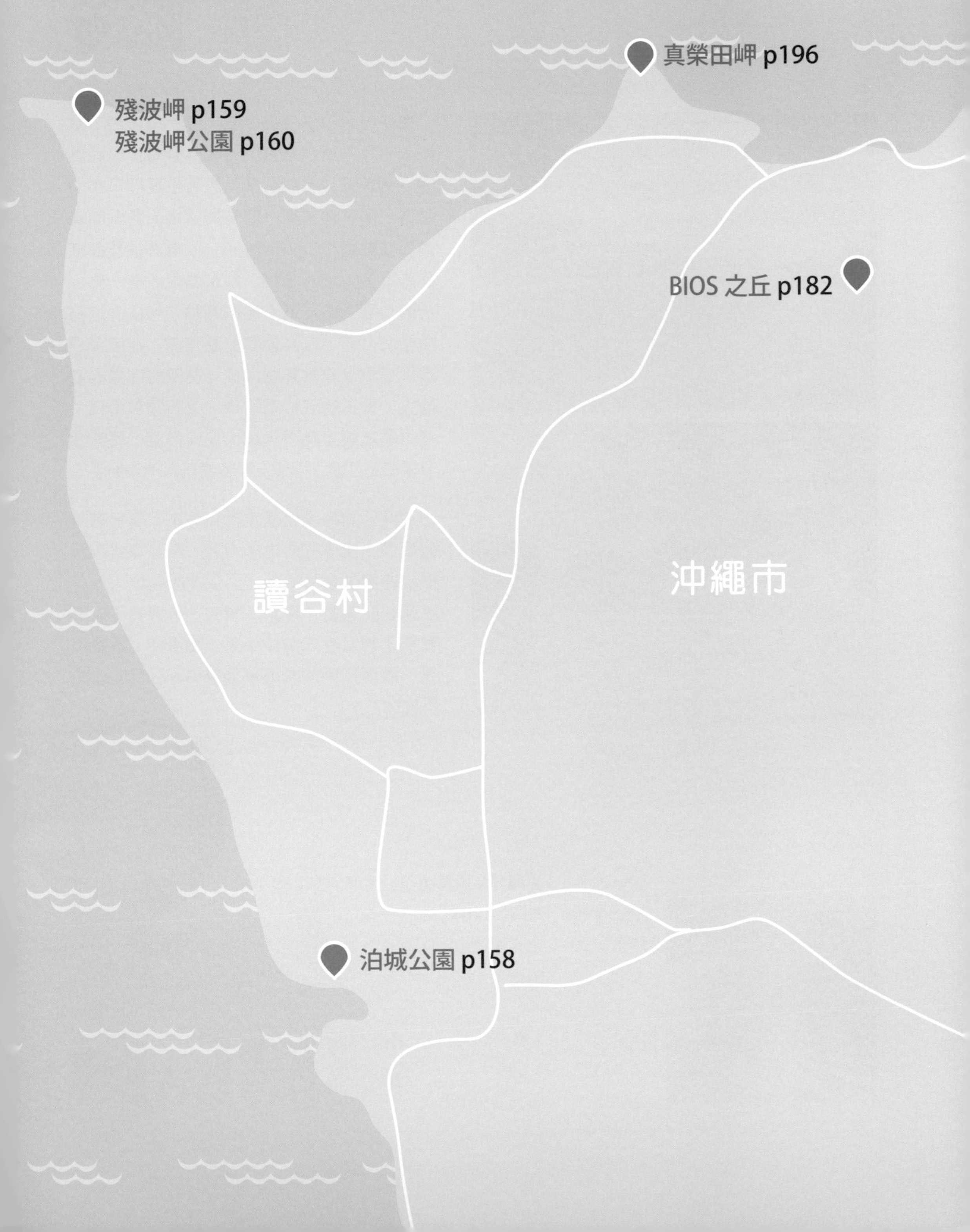

真榮田岬 p196
殘波岬 p159
殘波岬公園 p160
BIOS 之丘 p182
讀谷村
沖繩市
泊城公園 p158

泊城公園

地圖

　讀谷村有不少知名景點，像是殘波岬，泊城公園反而默默無名，也因為沒有什麼觀光客，這裡顯得靜謐許多。順著小路開下來，泊城公園旁邊還有一間沖繩當地人喜歡的肉舖海景餐廳「Ganju farm」。雖然這裡遊樂設施不多，以溜滑梯、沙坑為主，是一座小巧的公園，站在溜滑梯制高點，可以清楚俯瞰整個公園，以及遠眺蔚藍海灘；從溜滑梯溜下來可以欣賞無敵海景，美麗的海灘相當動人！長長的滾輪溜滑梯、大石頭溜滑梯，讓小朋友爬上爬下訓練大肌肉發展，而整個公園都是沙坑，小朋友很容易玩得不亦樂乎！

　泊城公園旁邊就是渡具知海灘，海上有一個好像小琉球花瓶岩的海石，沿著海邊步道散步非常愜意又舒服，不少沖繩在地人、美軍都在此運動、慢跑、遛狗，有機會可以帶著孩子們傍晚來泊城公園，溜滑梯、看看海景，順便享受沖繩海景餐廳 Ganju farm 的美味。

🔍 **泊城公園** Hakujo Park

地址	沖繩縣中頭郡讀谷村字渡具知 228
Map code	33 703 265
開放時間	全年開放
公休	無休

年齡	1 歲～成人
參觀時間	1 小時
嬰兒車	可推嬰兒車進入

 停車場　 洗手間　 餐飲區　 嬰兒車友善環境

殘波岬

地圖

　沖繩有一個非常知名、很適合看夕陽的景點殘波岬，位於沖繩島最西邊的海峽，長度約兩公里。雄偉壯觀的白色殘波岬燈塔耀眼美麗，塔高約 10 層樓高，就像個巨人默默的守著海邊，傍晚時分，吹著海風，看著夕陽，美不勝收！

　殘波岬，垂直的斷崖延伸出去，夕陽的倒影配上燈塔，這邊絕對是最佳的拍照景點，殘波岬燈塔是沖繩唯一可以登上的燈塔，開放時間為 9:00 ～ 16:00，登上塔頂，瞭望東海，天氣好時還可看到渡名喜村島，甚至更遠的久米島呢！

　往殘波岬燈塔另一個方向走去約 10 幾分鐘，還有一塊平台可以觀賞另一邊的殘波岬，垂直的斷崖延伸出去，夕陽的倒影配上燈塔，真的是美極了！殘波岬燈塔旁有個小餐車提供簡單的點心跟飲料、冰淇淋，在夕陽下來個浪漫的下午茶也是挺不錯的！

　殘波岬這個景點滿適合搭配殘波岬公園、殘波岬海灘，帶著孩子感受沖繩美麗又天然的自然景色吧！

🔍 殘波岬 Shishonomisaki Park

地址	沖繩縣中頭郡讀谷村宇座
Map code	1005 685 326*44
開放時間	全年開放
公休	無休
年齡	0 歲～成人
參觀時間	1 ～ 2 小時
嬰兒車	可推嬰兒車進入

 停車場　 洗手間　 餐飲區　 自動販賣機　 嬰兒車友善環境

殘波岬公園

地圖

　　沖繩有一個非常知名、很適合看夕陽的景點殘波岬，位於沖繩島最西邊的海峽，長度約兩公里。雄偉壯觀的白色殘波岬燈塔耀眼美麗，塔高約 10 層樓高，就像個巨人默默的守著海邊，傍晚時分，吹著海風，看著夕陽，美不勝收！

　　殘波岬，垂直的斷崖延伸出去，夕陽的倒影配上燈塔，這邊絕對是最佳的拍照景點，殘波岬燈塔是沖繩唯一可以登上的燈塔，開放時間為 9:00 ～ 16:00，登上塔頂，瞭望東海，天氣好時還可看到渡名喜村島，甚至更遠的久米島呢！

　　往殘波岬燈塔另一個方向走去約 10 幾分鐘，還有一塊平台可以觀賞另一邊的殘波岬，垂直的斷崖延伸出去，夕陽的倒影配上燈塔，真的是美極了！殘波岬燈塔旁有個小餐車提供簡單的點心跟飲料、冰淇淋，在夕陽下來個浪漫的下午茶也是挺不錯的！

　　殘波岬這個景點滿適合搭配殘波岬公園、殘波岬海灘，帶著孩子感受沖繩美麗又天然的自然景色吧！

🔍 殘波岬公園

地址	沖繩縣讀谷村字宇座 1861
Map code	1005686150*17
電話	098 958 0038
開放時間	全年開放

年齡	0 歲～成人
參觀時間	1 ～ 2 小時
嬰兒車	可推嬰兒車進入

 停車場
 洗手間
 餐飲區
 自動販賣機
 嬰兒車友善環境

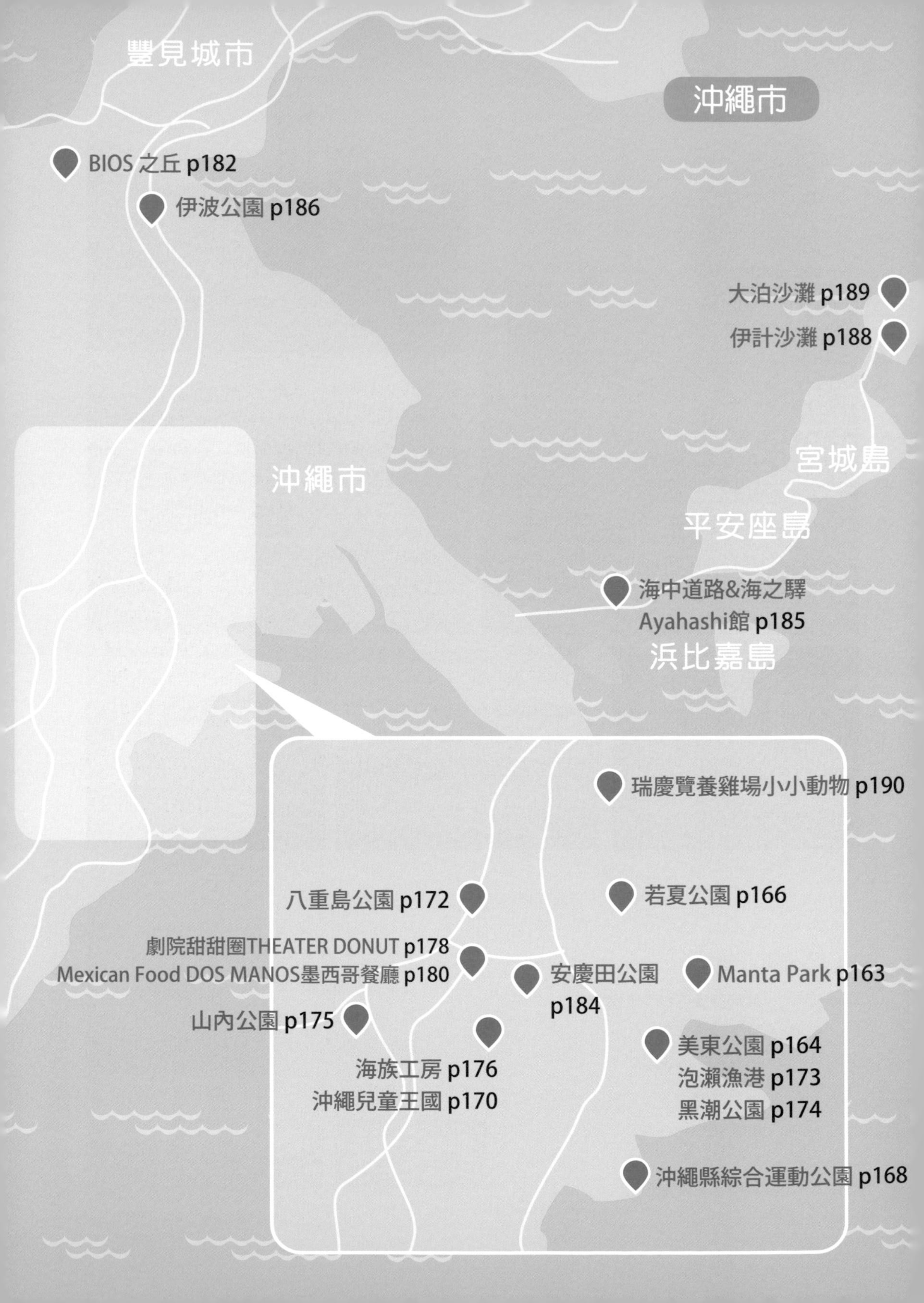

豐見城市

沖繩市

● BIOS 之丘 p182

● 伊波公園 p186

大泊沙灘 p189 ●

伊計沙灘 p188 ●

沖繩市

宮城島

平安座島

● 海中道路&海之驛
Ayahashi館 p185

浜比嘉島

● 瑞慶覽養雞場小小動物 p190

八重島公園 p172 ●

● 若夏公園 p166

劇院甜甜圈THEATER DONUT p178
Mexican Food DOS MANOS墨西哥餐廳 p180

● 安慶田公園
p184

● Manta Park p163

山內公園 p175 ●

● 美東公園 p164
泡瀨漁港 p173
黑潮公園 p174

海族工房 p176
沖繩兒童王國 p170

● 沖繩縣綜合運動公園 p168

Manta Park
マンタ公園

地圖

　マンタ公園 Manta Park 位於沖繩市，是一個腹地寬敞、綠草如茵的美麗公園，無論何時，總是充滿小朋友的熱門公園。在沖繩縣內算是擁有最大、最巨型的溜滑梯的公園。兒童遊樂設施以 70 公尺長超刺激的滾輪溜滑梯最吸引人注目，爬上觀景台的溜滑梯入口處溜下來，視野超級美。附近民眾喜歡爬上觀景台，登高望遠、欣賞美景，爬到 4 樓最頂端可欣賞一覽無遺的マンタ公園，綠意盎然，觀景台上也擺放了幾張石板長椅，可坐在此處休憩！公園中間廣場很寬敞，假日常常舉辦各種活動，而旁邊還有一個石板溜滑梯，雖然與巨型溜滑梯相比遜色很多，但是其實石板溜滑梯也深受小朋友的喜愛！

　公園的另一區有設置木頭為主的遊樂設施設備，盪鞦韆、溜滑梯、繩索吊橋等，可以訓練小朋友的體能與技巧。マンタ公園是沖繩市相當知名的一座公園，假日黃昏總是有非常多爸媽帶小朋友來此運動玩耍，在這裡孩子們可以隨心所欲地追趕跑跳碰。

Manta Park

地址	沖繩縣日本海洋 2 丁目 13
Map code	33 595 312*71
開放時間	全年開放
公休	無休

年齡	6 歲～成人
參觀時間	30 分鐘～ 1 小時
嬰兒車	可推嬰兒車進入

 洗手間

 嬰兒車友善環境

美東公園

地圖

　　美東公園 Mito Park 位於沖繩中部沖繩市，是一座才剛修繕重新建造完成、設施新穎完善齊全的兒童公園。整個公園包含了運動場、兒童遊樂設施，是沖繩市當地親子家庭很喜歡的一座公園。繽紛多彩的公園設施，包含了長長的滾輪溜滑梯、彈跳趴爬網，以及各式各樣的遊具、攀岩、平衡木等，適合各種年齡層的小孩玩耍。有非常多可以訓練肌肉、平衡的遊樂設施，而最長滾輪溜滑梯因為是新建造完成的設備，溜下來的速度很快，完全不卡輪，刺激好玩！推薦到沖繩必玩的溜滑梯公園之一。

🔍 美東公園 Mito Park

地址	沖繩縣沖繩市高原 5 丁目 20
Map code	33 564 134*02
開放時間	全年開放
公休	無休
年齡	1 歲～成人
參觀時間	1 小時
嬰兒車	可推嬰兒車進入

 停車場

 洗手間

 自動販賣機

 嬰兒車友善環境

若夏公園
わかなつこうえん

地圖

位於沖繩中部的若夏公園是 2017 年 5 月開放的全新兒童公園！若夏公園內擁有各式各樣的溜滑梯、大型繩索、滑索、平衡木，整座公園最吸引人的部分就是從屋頂溜下來的長長溜滑梯，小朋友可以從連接屋頂的溜滑梯溜下來，無敵刺激又好玩！溜滑梯下方都是使用柔軟材質的軟墊，很安全不用擔心碰撞受傷！

若夏公園設計了三個出入口，避免擁擠、分散出入。所有遊戲器材上都有清楚標示孩童的使用年齡，小小朋友也可以盡情地在適合他們年齡的遊樂設施上玩耍！若夏公園以一個屋子建築為主體設計，環繞所有遊樂設施，房子六個面積角度都有不同的設施，而

房子底下是乾淨的沙坑，屋頂是間隔木頭，有防曬效果又可以讓陽光透進來，設計感童趣繽紛，也是目前沖繩最夯的溜滑梯兒童公園之一！

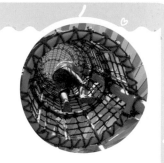

🔍 若夏公園

地址	沖繩縣沖繩市東 2-23
Map code	33 624 843*80
電話	098-939-1212
開放時間	全年開放
公休	無休
年齡	6 個月～成人
參觀時間	1 小時
嬰兒車	可推嬰兒車進入

停車場

洗手間

嬰兒車
友善環境

沖繩縣綜合運動公園

沖縄県総合運動公園

官網　　　　地圖

　　沖繩縣綜合運動公園於 2017 年 10 月重新翻修三層樓大型兒童遊樂設施，真的讓人嘆為觀止！總共有 7 座溜滑梯、彈跳床、攀繩爬索等集合在一起的超大型繽紛鮮艷紅色的兒童遊具，一整個超級亮眼壯觀！設施設計依照年齡區分，針對適合 12 歲以下小朋友使用，三層樓的遊樂設施必須靠力氣攀爬到最頂層，越往上越需要技巧，不但可以培養小朋友的手眼協調，並且增進肌耐力，七個不同樣式、顏色的溜滑梯，加上攀爬網、滑索，藍色軟墊鋪在遊樂設施下，孩子們玩得開心又安全！滾輪溜滑梯、高低起伏溜滑梯、迴旋溜滑梯……，都非常好玩！

　　沖繩縣綜合運動公園面積非常廣大，包含了露營場、ちびっこ廣場（兒童遊樂設施）、運動場、體育館、陸上競技場、室內體育館等。沖繩縣綜合運動公園有許多出入口，記得一定要從南口進入開到最裡面的露營場停車場，就可以看到超級繽紛亮眼的巨型兒童遊樂設施，以及ちびっこ廣場（兒童遊樂設施）。夏天推薦可以租露營車來此露營或是野餐，一邊吹海風一邊看著小朋友爬上爬下、嬉戲奔跑，就可以享受半天的歡樂親子時光。

🔍 沖繩縣綜合運動公園

地址	沖繩縣沖繩市比屋根 5-3-1
Map code	33 504 133*21
開放時間	6:00 ～ 18:00
公休	星期二

- -

年齡	1 歲～成人
參觀時間	1 ～ 2 小時
嬰兒車	可推嬰兒車進入

停車場

洗手間

自動販賣機

嬰兒車
友善環境

沖繩兒童王國
沖縄こどもの国

官網

地圖

　　沖繩兒童王國 Okinawa Zoo & Musuem 有動物園、大型廣場、花園水池，以及遊樂設施，裡面還有親子餐廳，是一個非常適合帶小朋友來玩耍的複合式親子景點。沖繩兒童王國不但深受沖繩在地人的喜愛，也非常受到美軍、外國遊客的歡迎，每到假日總是滿滿的人潮，建議大家可以安排平日到訪，這樣孩子們玩得盡興、不擁擠！

　　沖繩兒童王國內的動物園，是日本最南端的動物園 Nature Land，裡頭有許多可愛、特別的動物，有獅子、鱷魚、大象、長頸鹿……，以及常在琉球群島上棲息的動物。動物園中包含魚類、鳥類，以及大型動物，總共有 200 多種，超過 1000 多隻，在這裡可以看到動物們擁有舒適乾淨的環境，悠閒自在的享受！小朋友能觀賞到非常豐富、多種類的動物、昆蟲，了解大自然的生態環境，以及動物的棲息，運氣好時還可以看到大象在路面上散步、表演呢！

　　另外園區內還有大型花園水池可以餵魚、釣魚、體驗水上活動、沙坑、兒童遊樂設施，帶著小朋友來此玩上整整一天，充實又好玩且富有意義！

　　沖繩兒童王國是一個寓教於樂的親子景點，乾淨舒適的大自然環境，療癒可愛的小動物，小朋友可以玩得盡興、感受豐富大自然中各式各樣的美好、生命價值、療癒魅力！

🔍 沖繩兒童王國 Okinawa Zoo & Musuem

地址	沖繩縣沖繩市胡屋 5-7-1
Map code	33 561 766*72
電話	098-933-4190
開放時間	夏季時間（4～9月）9:30～18:00（最終入園時間 17:00）
	冬季時間（10～3月）9:30～17:30（最終入園時間 16:30）
公休	星期二、12/30～1/1

年齡	0 歲～成人
參觀時間	1 小時
嬰兒車	可推嬰兒車進入
門票	大人 500 日圓、中高生 200 日圓、4 歲～小學生 100 日圓（3 歲以下免費）

 停車場
 洗手間
 無障礙洗手間
 餐飲區
 自動販賣機

 哺乳室
 尿布檯
 嬰兒車租借
 嬰兒車友善環境
 雨天ok！

八重島公園

地圖

八重島公園位於沖繩中部的沖繩市，公園腹地寬敞遼闊，有多個出入口。八重島公園之前有多個大型溜滑梯、滾輪溜滑梯，目前已經刪除，不知未來是否會重建？

八重島公園的兒童遊樂設施剛翻新整修完成，有不少經典大型的溜滑梯都已經被拆除。剩下綠油油的大草皮上新穎精緻的大型兒童遊樂設施，相當繽紛有活力，溜滑梯、攀爬網等兒童設施種類豐富多元化。全新的兒童遊樂設施適合各年齡的孩童，小朋友來到這邊玩得開心，盡情奔跑攀爬放電！如果有從沖繩北部、名護、恩納要回美國村住宿的親子家庭，可以安排八重島公園，讓孩子放放風！

🔍 **八重島公園 Yaeshima Park**

地址	沖繩縣沖繩市八重島 1 丁目 1
Map code	33 621 640*22
開放時間	全年開放
公休	無休

年齡	1 歲～成人
參觀時間	1 小時
嬰兒車	可推嬰兒車進入

 停車場　 洗手間　 嬰兒車友善環境

泡瀨漁港
パヤオ直売店

官網　　　　地圖

泡瀨漁港パヤオ直売店，位在沖繩中部，附近有著眾多景點，鄰近沖繩兒童國動物園、美東公園、沖繩縣綜合運動公園、勝連城跡、海中道路等著名景點，有來到沖繩中部的話，不妨順道來這品嚐平價、美味的道地尚青海鮮，包準讓你意猶未盡！

如果你跟我一樣愛吃龍蝦的話，更是不能錯過！雖然海膽焗烤龍蝦價位有變貴的趨勢，但紮實甜美又新鮮的龍蝦，搭配獨特的料理方式，整隻龍蝦是焗烤過的，味道非常香濃。龍蝦肉都已經切好了，直接夾起來都是一塊一塊的，飽滿鮮嫩又彈牙，滿滿的海膽醬汁焗烤後更增添了龍蝦肉的風味，真的是沖繩必吃的海鮮美食，讓我念念不忘啊！來到泡瀨漁港パヤオ直売店，還可以購買新鮮的生魚片、現炸的天婦羅，超適合愛吃海鮮的朋友。

🔍 泡瀨漁港 Fish Market Payao

地址	沖繩縣沖繩市泡瀨 1 丁目 11
Map code	33 565 341*02
開放時間	4 ～ 9 月 10:30 ～ 18:00、10 ～ 3 月 10:30 ～ 17:30
公休	無休

年齡	0 歲～成人
參觀時間	1 小時
嬰兒車	不適合

 停車場　 洗手間　 餐飲區　 自動販賣機　 雨天ok!

黑潮公園

地圖

　黑潮公園位於沖繩市，靠近泡瀨漁港附近，到泡瀨漁港品嚐新鮮美味海鮮後，可以帶小朋友來此攀爬像海洋一樣蔚藍、美麗的大型兒童遊樂設施，溜滑梯。黑潮公園是一個社區型內的悠閒公園，裡面充滿綠意盎然的寬敞大草皮，以及走進公園都會被這座超巨大的兒童遊樂設施吸引。

　黑潮公園的名字讓我想到沖繩美麗海水族館中黑潮之海，沒錯，以鯨魚為吉祥標地物招牌的黑潮公園，是一座以黑潮之海為主題設計的公園！療癒美麗的藍色為基底的兒童攀爬遊樂設施，真的很像佇立在大海中的美麗燈塔一樣壯觀！巨型的設施連結多個溜滑梯、入口，底下有安全的保護軟墊，小朋友可以穿梭攀爬在其中，開心愉快！

🔍 **黑潮公園 Kuroshio Park**

地址	沖繩縣沖繩市泡瀨 2 丁目 34
Map code	33 535 582*51
開放時間	全年開放
公休	無休

年齡	1 歲～成人
參觀時間	1 小時
嬰兒車	可推嬰兒車進入

 停車場　 洗手間　自動販賣機

山內公園

地圖

　　山內公園位於沖繩市內的一座社區公園，雖說是社區公園，但蓋在山坡上的鳥籠巨型溜滑梯、攀爬網等兒童遊樂設施，可是沖繩目前最新穎的兒童遊樂器材。公園非常寬敞，有籃球場、自行車步道，親子遊具雖然沒有比其他沖繩大公園來得多，但超有特色的鳥籠溜滑梯，分成兩個旋轉溜滑梯、超長溜滑梯下來。公園另外還有 1～3 歲的嬰幼兒遊樂設施，和 3～6 歲的幼兒遊樂設施，而鳥籠溜滑梯則是適合 6～12 歲使用！要爬上鳥籠需要一點力氣，一路攀爬到最頂層，一口氣滑下來，非常刺激好玩！

　　公園內還設有一個專門野餐的涼亭，四周鋪滿了軟嫩的假草皮，讓親子家庭可以悠閒愜意地在此享受歡樂時光。山內公園沒有停車場，日本當地民眾都是直接停靠在路邊，但建議大家觀察一下路況，以及是否可以真的停車，畢竟出門在外，還是要注意車況、安全！

🔍 山內公園 Yamauchi Park

地址	沖繩縣沖繩市山 3 丁目 17
Map code	33 559 813*13
開放時間	全年開放
公休	無休
年齡	6 個月～成人
參觀時間	1 小時
嬰兒車	可推嬰兒車進入

 洗手間

 嬰兒車友善環境

海族工房

　　海族工房 Umizoku Kobo 位於沖繩動物園兒童中心 1 樓的正門旁邊，停好車後，不需要購買沖繩兒童王國的門票就可以進入用餐。餐廳提供豐富美味的自助餐 buffet 料理，舉凡西式 & 日式鮮魚料理、沖繩傳統料理、咖哩飯、沖繩豬腳、義大利麵在這裡都可以品嚐到。另外，享用美味午餐時，居高臨下的餐廳位置，還可以觀看沖繩兒童王國的美麗自然景觀，晚餐也能欣賞浪漫的夜景！

　　海族工房的菜色種類豐富，菜餚真的也非常適合小朋友，一般日本店家的咖哩都會帶點辣度，但是這裡的咖哩相當可口不辣，適合兒童食用。餐檯上還可見到現在的天婦羅、日式炸雞、炒飯、沖繩滷豬腳等菜色，加上又有小孩適合用餐的親子用餐區，不少沖繩親子家庭都會專程來此用餐，推薦帶小朋友參觀完沖繩兒童王國、動物園後，也把這裡排進行程喔！

🔍 海族工房 Umizoku Kobo

地址	沖繩縣沖繩市胡屋 5-7-1（沖繩兒童王國停車場旁）
Map code	33 561 799*08
電話	070-5273-1900
營業時間	星期一、三、四：西式自助餐 11:00 ～ 15:00、 輕食單點 15:00 ～ 18:00
	星期五～日：西式自助餐 11:00 ～ 15:00、 輕食單點 15:00 ～ 18:00、居酒屋 18:00 ～ 22:00
公休	星期二
年齡	0 歲～成人
參觀時間	1 小時
嬰兒車	可推嬰兒車進入
費用	大人 1300 日圓、6 ～ 12 歲 850 日圓、 3 ～ 5 歲 500 日圓

地圖

　停車場　洗手間

　自動販賣機　哺乳室　尿布檯

　餐飲區　嬰兒車友善環境　雨天ok!

劇院甜甜圈 THEATER DONUT
シアタードーナツ

劇院甜甜圈 THEATER DONUT（シアタードーナツ）位於充滿文藝氣息的沖繩市，手作甜甜圈大勝宇宙前三名好吃的しまドーナッツ島甜甜圈，讓我初次來訪驚為天人！蓬鬆口感的甜甜圈，清新香脆、鬆軟細緻，抹茶、巧克力、杏仁、檸檬、草莓等多種口味，不甜不膩，越吃越過癮！

在這個復古獨特的劇院咖啡廳中有一間電影院，點上一杯飲品、一份甜甜圈，可以坐到電影院中欣賞電影，品嚐美味可口的甜甜圈。咖啡廳中擺放了不少早期電影的海報，我看到星際大戰 STAR WAR30 年前的海報，一整個讓身為星戰迷的我們，驚喜不已！

來到這裡除了欣賞電影外，還可以翻閱書籍、雜誌、聽聽輕音樂，品嚐美味的下午茶，真的讓我們心情放鬆、愉悅。離開前又忍不住外帶了三份甜甜圈，不得不說劇院甜甜圈 THEATER DONUT 的手作甜甜圈，真的超級無敵好吃，喜愛甜點的女孩們，千萬不可錯過！！

🔍 劇院甜甜圈 THEATER DONUT

地址	沖繩縣沖繩市中央 1-3-17-2F
Map code	33 591 789*27
電話	070-5401-1072
營業時間	10:30 ～最後一場上映後
公休	無休

官網　　　地圖

年齡	0 歲～成人
參觀時間	1 小時
嬰兒車	可推嬰兒車進入

 洗手間　 餐飲區　 嬰兒車友善環境　 雨天ok!

Mexican Food DOS MANOS
墨西哥餐廳
メキシカンフード ドスマノス

Mexican Food DOS MANOS 墨西哥餐廳位於沖繩中部的沖繩市中心，是一間店門口看起來不起眼，但是一眼就可以看到佈置繽紛的餐廳內部、鄰近門口的兒童遊戲區，是供應各式各樣墨西哥料理的美食餐廳。這裡的墨西哥捲餅、玉米餅都是非常道地，店內呈設相當熱鬧，濃濃墨西哥風情的用餐環境，充滿了熱情狂野！不時有美軍、外國人進來吃飯。一進店內的右手邊還有一小區親子遊戲區，裡面擺滿了繪本與琳瑯滿目的玩具！

來到 DOS MANOS，餐具、開水都在一旁，是採半自助式的用餐方式，而店內供應三種精緻可口的兒童餐。喜歡吃辣的朋友，可以嚐嚐非常有特色的辣醬玉米餡餅、捲餅、正宗的墨西哥炸玉米餅，美味正點極了！香濃的墨西哥餅包上烤得酥脆的豬肉，一口咬下飽滿的滋味，真的超好吃！墨西哥餅的份量很適合女孩子，不會太大。

想吃 DOS MANOS 還真的要有點運氣，每週的營業時間只有週六、週日、週一的午餐時間至 17:30。每樣餐點都是新鮮現做，來 DOS MANOS 點上一個墨西哥捲餅、一杯啤酒，就非常過癮了呢！

Mexican Food DOS MANOS 墨西哥餐廳

地址	沖繩縣沖繩市中央 1 丁目 3 番 15 號
Map code	33 591 789*38
電話	098-989-8815
營業時間	11:00 ～ 14:30、17:30 ～ 20:30
公休	星期日

年齡	0 歲～成人
參觀時間	1 小時
嬰兒車	可推嬰兒車進入

地圖

 洗手間　 餐飲區　 嬰兒車友善環境　雨天ok!

BIOS 之丘
ビオスの丘

官網　　　　　地圖

　　BIOS 之丘位於石川高原高台上，豐富天然的亞熱帶森林自然風光，擁有不少珍貴稀奇的植物種類。BIOS 之丘有寬敞的停車場，停好車後，入園處就會收費，在這裡可以選擇所需要搭乘的項目。進入 BIOS 之丘後，整個園區充滿了大自然森林氣息，漫步在其中可以感受到生命美好。

　　來到 BIOS 之丘可以選擇搭乘湖水觀賞船或是體驗獨木舟。湖水觀賞船，船長會邊開船邊導覽，航程時間大約 25 分鐘左右。1 公里長的大龍池河道相當平穩，水中生態豐富、河道兩旁亞雨林茂密、划行在安全的水道上，親近美麗的大自然，有種到了亞馬遜熱帶雨林森林中探險的錯覺。途中可以看到不少特殊的植被，以及可愛的小動物，相當

有趣！獨木舟即使是初學者，也可以輕鬆上手，相當安全！

　　BIOS 在希臘語中為生命之意，在 BIOS 之丘可以感受到亞熱帶森林大自然的奧妙，讓小朋友親身與動植物接觸交流。園區內還有提供小火車、水牛車多項體驗，也可以餵食園區內的野豬、小羊兒們。最棒的是，庭園擺放了超大型原木體能訓練器材，大型鞦韆、樹屋、翹翹板等，不少小朋友穿梭在天然的原木器材中，置身於美麗的大自然跑跳，玩得不亦樂乎！

　　BIOS 之丘充滿了傳統沖繩文化氛圍氣息，適合倘佯在大自然中的親子景點，除了以上的活動外，還有更多沖繩傳統的體驗，很推薦帶著小朋友來感受！

🔍 BIOS 之丘 Bios Hill

地址	沖繩縣宇麻流市石川嘉手苅 961-30
Map code	206 005 115*03
電話	098-965-3400
營業時間	9:00 ～ 17:30（最終入園時間 16:15）
公休	星期二

年齡	0 歲～成人
參觀時間	1 ～ 2 小時
嬰兒車	可推嬰兒車進入
門票	大人（中學生或以上）2200 日圓、小學生以下（4 歲～小學生）1100 日圓、4 歲以下免費（以上含搭船套票）

 停車場
 洗手間
餐飲區
 自動販賣機
 嬰兒車友善環境

安慶田公園

地圖

以動物為主題設計遊樂設施的安慶田公園，整座公園獨特寧靜，三層樓高的遊樂設施位於最左邊的角落，整座公園居高臨下看去，有大型戶外音樂表演舞台的感覺，一層一層的草皮座位區，中間大廣場兩旁還有擺放幾張椅子。安慶田公園沒有停車場，也沒有任何停車號誌，我看當地沖繩居民就是靠著路邊停放，感覺屬於社區型的公園，旁邊有不少住宅、公寓，而中間大廣場應該是社區舉辦表演活動時使用。安慶田公園的組合遊樂設施，以動物園的可愛動物為主題，大

象溜滑梯、長頸鹿城堡……讓小朋友在玩樂中，還可以注意可愛的小動物們！畢竟距離沖繩兒童王國 Okinawa Zoo & Musuem、動物園，以及 WONDER MESEUM 大型複合公園很近。可愛逗趣的遊樂設施包含了攀繩、吊橋、溜滑梯、大型鳥籠等設施，小朋友在這裡需要運用比較多的爬網運動，雖說沒有非常刺激的長溜滑梯，但是這些大型的遊樂設施、綠油油寬敞的大草皮，也足夠讓小朋友玩得意猶未盡！

🔍 安慶田公園 Ageda Park

地址	沖繩縣宇麻流市昆布 1831-705Z
Map code	33 592 490*45
開放時間	全年開放
公休	無休

年齡	1 歲～成人
參觀時間	1 小時
嬰兒車	可推嬰兒車進入

 洗手間

 嬰兒車友善環境

海中道路 & 海之驛 Ayahashi 館
海の駅あやはし館

地圖

　沖繩的海中道路是一座連接浜比嘉島、平安座島、宮城島、伊計島等離島的道路，位於東海岸，可別小看這條海中道路，這是沖繩相當知名的人氣景點！海中道路全長 4.75 公里，修建在一座連接勝連半島和平安座島海中堤壩上方，因道路是位於海平面，所以取名為海中道路。道路兩旁都是綿延不絕的潔白沙灘、蔚藍海岸，有點像是非常長的跨海大橋，開車在其中沿途風景迷人。

　在海中道路尚未蓋好之前，島上的人們必須等待退潮後，將卡車開在沙丘上行走接送往返的人潮，相當麻煩！現今海中道路建立完成後，不但通往各個離島的交通便利外，也吸引更多遊客來此欣賞美麗海景。

　海中道路最特別的莫過於中間還有一個像船一樣造型的海之驛 Ayahashi 館（海の駅あやはし館）休息站，裡頭販售名產、小點心、土產、伴手禮，還有沖繩料理 buffet 自助餐，以及冰淇淋、天婦羅等美食；二樓則有海之文化資料館，關於海中道路的歷史文化、建築過程等豐富資料。周邊海域淺灘，海水清透蔚藍，而這裡也有提供大型水上活動、水上 sup、BBQ 等，假日有不少人會專程來此，度過一個豐富歡樂又愉快的假期。

海中道路 & 海之驛 Ayahashi 館

地址	沖繩縣 URUMA 市與那城屋平
Map code	499 576 411
電話	098-978-8830
開放時間	9:00 ～ 19:00
公休	無休

年齡	0 歲～成人
參觀時間	1 小時
嬰兒車	可推嬰兒車進入

 停車場　 洗手間　 餐飲區　 自動販賣機　嬰兒車友善環境

伊波公園

地圖

　　伊波公園位於沖繩宇麻流市，從恩納、沖繩中部開車過來不遠，大約十來分鐘，公園的位置較偏僻隱密，但可是一座非常值得帶小朋友來插旗的親子公園。超大型的兒童遊樂設施多元化，以水管溜滑梯延伸出隧道攀爬，以及各種溜滑梯、攀繩爬網，很適合沖繩親子遊來此探險，消耗小朋友無限精力，可以爬上爬下，穿梭其中，一整個不見人影，好玩又刺激！！

　　伊波公園的遊樂設施也是有經過分齡設計，無論哪個年齡的小朋友都很適合來嬉戲玩耍，旁邊還有兩層樓高的木製溜滑梯，以及大型搖椅，相較起滾輪溜滑梯，木製溜滑梯速度快又刺激，小朋友玩得更開心，不少日本保育員都會帶著小朋友來遊玩、野餐呢！

🔍 伊波公園 Inami Park

地址	沖繩縣宇麻流市石川伊波 29
Map code	33 893 724*77
開放時間	全年開放
公休	無休

年齡	1 歲～成人
參觀時間	1 小時
嬰兒車	可推嬰兒車進入

停車場　洗手間　嬰兒車友善環境

伊計沙灘
伊計ビーチ

官網　　　　地圖

伊計沙灘是伊計島最知名的海灘，以清澈美麗的海水聞名，軟硬體設施齊全完善，不但有寬敞的停車場、餐廳，還有大型水上活動、玻璃觀光船，更衣室、沖洗區都非常乾淨舒適，帶小孩來此玩上一整天非常適合！伊計沙灘門口收票方式以自動販賣機收取，自動販賣機上會清楚標示大人小孩的收費計算。

伊計沙灘是原始天然的漂亮海灘，清澈透明度高的海水，真的讓第一次來的人，會愛上這裡的絕美海景。海上有幾顆巨大奇岩怪石，潔白無暇的沙灘、一望無際的海景相當迷人。伊計海灘在沖繩當地是非常受歡迎的，海浪平穩，加上不受漲退潮及氣候的影響，沒有太大的海風，所以一整年都有開放游泳，並且提供多項水上活動、設施。在這裡可以租陽傘、躺椅，或是選擇刺激好玩的水上設施活動，清涼一下；親子家庭可以挖沙、游泳、踏浪，也能選擇搭乘玻璃船，出海欣賞美麗熱帶魚的服務，看著色彩繽紛斑斕的熱帶魚在海底自在悠游，小朋友都覺得很新奇又有趣！

🔍 伊計沙灘 Ikei Beach

地址	沖繩縣宇流麻市与那城伊計 405
Map code	499 794 064*88
電話	098-977-8464
開放時間	10:00 ～ 16:00
公休	無休

年齡	0 歲～成人
參觀時間	1 小時
嬰兒車	不適合
門票	大人（中學生以上）400 日圓、小孩（5 歲～小學生）300 日圓、4 歲以下免費 野營：大人（中學生以上）600 日圓、小孩（5 歲～小學生）400 日圓 淋浴：200 日圓

 停車場
 洗手間
 餐飲區
 自動販賣機
 投幣式儲物櫃

大泊沙灘
大泊ビーチ

官網　地圖

伊計島的大泊沙灘（大泊ビーチ）是沖繩秘境沙灘，從海中道路一路開過來，會先經過宮城島後才抵達伊計島。前往伊計島的大泊沙灘非常偏僻，路又小又顛簸，我一直以為前面沒有路可以走了，沒想到柳暗花明又一村，發現大泊ビーチ的標誌，入口非常簡陋。一位收費人員跟我們收入場費，大泊沙灘是要收費才可以入場的，大人 500 日圓、小孩 300 日圓。門口擺放著飲料、小餐點，廁所跟沖洗沒有另外收費，但設備算是簡單，也有提供租陽傘、救生設備。收費人員拿了一條熱狗給小聿，跟我們說這是可以餵魚的。

本來看到門口簡陋的設備一直很懷疑的我們，在看到蔚藍清透的大海，瞬間大喊這真的是太美了！大泊沙灘是純天然的沙灘，完全沒有人工痕跡，很乾淨，保留了最原始的美景，清澈透明的海水可以清楚看到穿梭其中的小魚。我們將熱狗丟在水中，立刻有小魚蜂湧上來搶食，完全不怕生。第一次在海邊餵魚，這對我們來說真的是非常奇特的經驗！美麗蔚藍的海水、乾淨潔白細緻的沙灘，寧靜大泊沙灘讓人感受到驚艷，果然是沖繩秘境中的秘境！

🔍 大泊沙灘 Oodomari Beach

地址	沖繩縣うるま市与那城伊計 1012
Map code	499 794 696*67
電話	098-977-8027
開放時間	9:00 ～ 17:30
公休	無休

年齡	0 歲～成人
參觀時間	1 小時
嬰兒車	不適合
門票	大人 500 日圓、小孩 300 日圓，含停車、淋浴、餵魚

停車場　洗手間　餐飲區　投幣式儲物櫃

瑞慶覽養雞場小小動物
ズケラン養鶏場たまご屋

沖繩中部うるま市的迷你動物園，是一個免費參觀，又充滿其特殊魅力的親子景點。經營養雞場販售每日新鮮生產的雞蛋，還提供一個乾淨的迷你動物園，讓來購物的家長，也可以帶著小朋友近距離接近可愛的小動物。迷你動物園整理的非常乾淨，沒有一絲味道，裡面的小動物有陸龜、鸚鵡、天竺鼠、迷你馬、驢子、小羊等，還有平常到貓頭鷹咖啡廳付費才可以看到的貓頭鷹品種。雖說是迷你動物園，但實際上慢慢的跟每一隻小動物互動，也需花上 20 ～ 30 分鐘左右呢！

另外園區內的雞蛋屋（たまご屋），是販售新鮮雞蛋、手工蛋糕、麵包、甜點，以及冰淇淋、飲品等食物。這裡的泡芙、蛋糕非常有名！不少沖繩在地人都會專程開車來購買。欣賞完可愛的迷你小動物，來到雞蛋屋內選上一杯限定燈泡飲料，以及可口的泡芙，在雞蛋屋內的森林用餐區用餐，還可以順便買些特別的沖繩伴手禮！

🔍 瑞慶覽養雞場小小動物

地址	沖繩縣宇流麻市赤道 660
Map code	33 683 659*56
電話	098-973-4323
營業時間	9:00 ～ 19:00
公休	無休

地圖

年齡	0 歲～成人
參觀時間	1 小時
嬰兒車	可推嬰兒車進入
門票	免費

 停車場
 洗手間
 餐飲區
 嬰兒車友善環境
 雨天ok!

恩納村

萬座毛 p193
恩納海濱公園 p194

恩納村

真榮田岬 青之洞窟 p196

BIOS 之丘 p182

伊波公園 p186

萬座毛
万座毛 まんざもう

地圖

　　萬座毛位於沖繩本島西海岸恩納村的國家自然公園，酷似象鼻的珊瑚礁懸崖，讓人見識到大自然的鬼斧神工。順著象鼻遠眺大海，海天一線，一望無際，這壯觀的景色，也讓當初琉球王國的國王讚嘆不已，並命名為「萬座毛」，意指可供萬人齊坐的草原。萬座毛特殊的地形，是海浪日積月累的侵蝕成這般模樣，這也是沖繩特別少見的地形。

　　參觀動線設計不錯，單向繞一圈，繞一圈約為 15 ～ 20 分鐘，萬座毛的毛就是指這一片大草原，景觀真的滿特別的，讓人心情也輕鬆快活了起來！來萬座毛拍照、參觀的觀光客非常多，停車場處有名產店、伴手禮。

🔍 萬座毛

地址	沖繩縣國頭郡恩納村字恩納
Map code	206 312 039*17
營業時間	全年開放
公休	無休
年齡	0 歲～成人
參觀時間	30 分鐘
嬰兒車	可推嬰兒車進入

停車場

餐飲區

嬰兒車
友善環境

洗手間

自動販賣機

恩納海濱公園

恩納海浜公園ナビービーチ

地圖

　恩納海濱公園距離萬座毛大約 2 分鐘，是一座非常美麗、寧靜，屬於沖繩當地居民的私房沙灘，從海灘可以遠遠的欣賞到萬座毛的景觀，在恩納多數的海灘都是隸屬於飯店的私人海灘，非住客入場都需要收費，而恩納海濱公園不需要任何收費的海灘，廣受恩納在地居民的喜愛，每到假日都可以看到沖繩親子家庭帶著小朋友前來此地游泳，這是一個連小朋友都可以安心戲水游泳的海灘。

　恩納海濱公園有寬敞的停車場、兒童遊樂設施，而美麗的海灘擁有齊全的設施，包含了置物櫃、沖洗、海灘設施租借，還有商店以及餐廳食堂等，夏季還有大型水上設施獨木舟、香蕉床、拖行傘等多元化的活動以及 BBQ 烤肉海灘派對。

　沙灘入口有兩座風獅爺石雕，這可是恩納海濱公園的招牌鎮地之寶，海水平穩透明，沙灘細緻潔白，海中特別圍起來一區，讓遊客、孩童可以安心地游泳，沙灘上有不少涼亭，來這裡看看海景、吹吹海風，也是非常棒呢！

　公園的另一區有大型兒童複合式遊樂設施公園，以水藍色、火箭為主題的遊樂設施，特別有分齡設計，小朋友在此也玩得不亦樂乎。

🔍 **恩納海濱公園** Nabee Beach Park

地址	沖繩縣國頭郡恩納村 419-4
Map code	206 283 423*51
開放時間	全年開放
公休	無休

年齡	1 歲～成人
參觀時間	30 分鐘～1 小時
嬰兒車	可推嬰兒車進入

 停車場 　 洗手間 　 自動販賣機 　嬰兒車友善環境

真榮田岬　青之洞窟
真栄田岬

地圖

　　沖繩青之洞窟位於沖繩中部恩納村，是真榮田岬角下的天然海蝕洞，因為太陽照射在海面上，在洞中形成夢幻又神秘的藍光，因此又被稱為青洞、藍洞。沖繩青之洞窟（藍洞）與義大利藍洞為世界兩大藍洞，美麗蔚藍的神祕洞窟閃耀著藍光，讓人驚艷無比，可以說是到沖繩必訪的景點！

　　這趟沖繩旅行，我們安排了一個下午時間挑戰潛水、浮潛包套。出發前搜尋到沖繩真榮田岬（藍洞）唯一一家台灣人開的專業潛水店：青之洞窟 - 沖繩藍，店內全部的教練都是台灣人，國台語都能通，非常親切，潛水體驗採取小班制，專業教練一對一、一對二全程貼身照顧，對於不太會游泳、遇水容易緊張的我，在教練全程帶著走的狀況下，也能挑戰不可能的任務！

　　沖繩藍位在真榮田岬的停車場，停車場旁邊附有大型更衣室，換好裝備後，直接步行（約 3 分鐘）走下平台，就可以開始浮潛或潛水。前往沖繩藍洞浮潛、潛水，有船潛、徒步兩種方式：1. 從真榮田岬樓梯步行下去即可，優點是體驗時間長、下水時可以練習浮潛、適應水溫。2. 從恩納村附近的漁港搭乘船隻抵達藍洞前跳水，缺點是步行到船隻的時間、加上搭乘的時間過長，容易暈船，且無法適應水溫、練習浮潛，從船隻跳下水後，就必須開始在踩不到的地方前進！

這兩種浮潛的方式，我們家都有嘗試過，真心推薦一定要選擇第一種方式，特別是有攜帶小朋友的家庭，以及怕水、不會游泳的朋友，徒步下水真的可以慢慢適應、減輕壓力，也不會有任何暈船的不適應感。在專業教練的帶領下，可以盡情欣賞藍洞中世界奇觀絕景，徜徉在蔚藍的海水中，餵食熱帶魚、欣賞珊瑚礁生態，享受魚兒們悠游圍繞身邊！

我們下潛至海底約 10 公尺左右，大自然創造出來的天然海蝕洞，夢幻繽紛的海底世界和珊瑚礁生態，都讓我們嘆為觀止！不需要搭船、不會游泳、沒有潛水執照都可以參加潛水體驗，輕鬆入門就能近距離欣賞沖繩最美景點！

我們夫妻上岸後休息片刻，接著再帶小孩體驗浮潛！穿上蛙鞋、潛水衣、蛙鏡，跟著專業的台灣教練直接從真榮田岬下來就可以開始浮潛，教練隨身攜帶浮板，讓不會游泳、怕水的大小朋友可以抓著，真是貼心。

教練帶我們慢慢游進青之洞窟，還會幫大家將最美的時刻記錄下來，拍成照片免費給顧客！這裡還有小朋友最喜歡的餵魚時間，教練拿出超級多的麥麩，給小孩盡情的餵魚。青之洞窟的保育做得很好，不時可以看到海膽、海星，繽紛多彩的熱帶魚完全不怕人，第一次遇到魚兒直接搶食手中的食物！神秘大自然景觀藍洞真的好有趣又好玩，我們一家都念念不忘！

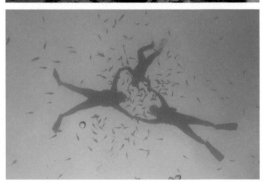

🔍 青之洞窟 - 沖繩藍 Okinawa Blue 潛水・浮潛

停車場地址	沖繩縣恩納村真榮田与久田 2723-2
Map code	206000575*40

年齡	潛水 12 ～ 55 歲、浮潛 5 歲～ 60 歲
參觀時間	2 小時
嬰兒車	可停 2 小時

 停車場　 洗手間　嬰兒車友善環境

 官網　 地圖

南部親子遊

豐見城市　　　　　　　　　豐見城

◆ Taco rice cafe Kijimuna塔可飯 p203

◆ 瀨長島Umikaji Terrace p201

Agri House Kochinda
農產品專賣店 p204　◆

◆ Ashibinaa Outlet mall p205

◆ 西崎親水運動公園 p207

ばんない沖繩式
島豚燒肉 p217　◆

◆ 海之故鄉公園 p212
系滿魚市場 p214

◆ 山巔毛公園 p208

糸滿市

◆ 南浜公園 p209

平和祈念公園 p210 ◆

美らイチゴ美麗草莓
◆ 糸滿店 p243

具志川城跡 p216 ◆　　◆ 喜屋武岬 p213

瀨長島 Umikaji Terrace
瀨長島 ウミカジテラス

官網　　　　　　地圖

瀨長島是沖繩南部超美的景點,最近非常夯!瀨長島位於豐見城市的一座小島,有聯外道路橋樑可以直達,不需要搭船,距離那霸機場、ASHIBINAA outlet 不遠,很適合安排當成下飛機後的第一站。瀨長島上小港灣旁顯目的純白色夢幻地中海建築,就是最近無敵火紅的瀨長島 UmikajiTerrace 複合式商場,也是沖繩最美麗的新地標!三層樓沿著山開放式的建築,獨具特色!超夢幻希臘風的建築,搭配蔚藍的天空、一望無際的大海,海天一色、絕美景色動人極了!

瀨長島 UmikajiTerrace 複合式商場停車處位於商場前方不遠處,商場入口處有搭車bus 站、Taxi ,還有一個泡湯泡腳池。瀨長島 UmikajiTerrace 開放式賣場,以美食、小雜貨商店為主,有不少可愛逗趣的雜貨小店,以及來沖繩必品嚐的美食。美食餐飲的

部分,從拉麵、烤肉、咖哩、冰淇淋、飲品、鬆餅都有販售,很多選擇!像非常知名,必須先上網預約的瀨長島幸福鬆餅:幸せのパンケーキ,是沖繩超夯的美味鬆餅。

瀨長島 Umikaji Terrace 每間餐廳戶外區都擺放了很多張桌椅,選一間海景餐廳,點上一杯咖啡坐下來休息,欣賞超美海景!近距離觀看沖繩透明蔚藍有療癒效果的海景,抬頭可觀賞呼嘯而過的飛機。當然瀨長島 Umikaji Terrace 黃昏落日時,景色也讓人驚嘆不已啊!來沖繩度假,千萬不可以錯過這如夢似幻的地方!

因為是開放式的商場,中午前往會比較熱,建議防曬準備好,也可以安排傍晚左右來此逛街,避開炎熱的午後!

🔍 瀨長島 Umikaji Terrace

地址	沖繩縣豐見城市豐見城瀨長
Map code	33 002 661 *66
電話	098-851-7446
營業時間	10:00 ～ 21:00。營業時間根據店舖而不同
公休	無休

年齡	0 歲 ～ 成人
參觀時間	1 小時
嬰兒車	可推嬰兒車進入

 停車場　 洗手間　 餐飲區　 自動販賣機　 嬰兒車友善環境　 雨天ok!

Taco rice cafe Kijimuna 塔可飯
タコライスカフェ きじむなぁ

官網　　　　　地圖

　　來到沖繩有許多必吃美食，Taco rice 塔可飯是非常特別的蛋包飯名店。沖繩是一個融合美國、日本兩國文化的地方，兩種不同文化衝擊碰撞出許多特別的文化以及美食，而塔可飯就是在這樣的文化下產生出來的美食，甚至變成沖繩必吃的靈魂菜色！類似墨西哥餅的塔可飯，生菜、白米、蓬鬆的蛋、健康的菜餚、肉末、起士等食材，吃起來清爽多層次的口感，讓每個人都滿意的微笑！

　　瀬長島 Umikaji Terrace 複合式商場就有一間沖繩本地的連鎖專賣店 OMU TACO 歐姆塔可飯，每到吃飯時間都是大排長龍！OMU TACO 歐姆塔可飯裡頭販賣了各式各樣的塔可飯、歐姆蛋包飯，雖說是塔可飯或是蛋包飯，但感覺更像是創意料理，每一口都可以吃到各種不同的食材，清爽開胃又營養，潤滑軟嫩又蓬鬆的歐姆蛋、繽紛多彩的配菜，可愛又美味的料理，深受沖繩本地人以及觀光客的喜愛！

🔍 Taco rice cafe Kijimuna 塔可飯

地址	沖繩縣豐見城市瀬長 174-6 （瀬長島 Umikaji Terrace 複合式商場內）
Map code	33 002 602*06
電話	098-851-3023
營業時間	11:00 ～ 21:00
公休	無休

年齡	0 歲～成人
參觀時間	1 小時
嬰兒車	可推嬰兒車進入

 停車場　　 洗手間　　 自動販賣機　　 嬰兒車友善環境　　雨天ok!

Agri House Kochinda
農產品專賣店
アグリハウスこちんだ

官網　　　　地圖

　沖繩南部豐見城的 Agri House Kochinda 是一間販售新鮮蔬果、肉舖的農產品專賣店，如果住民宿想自己烹煮沖繩在地新鮮食材時，可以來此買菜。Agri House Kochinda 的食材都是每日新鮮直送，不少當地人都專程來這裡購買！

　當然除了採購新鮮蔬菜、鮮魚、肉類、手工製品外，專賣店的後方有一個非常迷你的

動物園，如果沒有時間帶小朋友到沖繩兒童王國動物園的話，也可以選擇來此餵食小動物，小兔子、迷你馬、小羊兒都非常親人，可以在農產品專賣店購買一些食物餵食小動物！我自己覺得最特別的就是這裡可以看到沖繩最有名的 Agu 豬，黑色的小豬仔圓滾滾的相當逗趣又可愛！

🔍 Agri House Kochinda 農產品專賣店

地址	沖繩縣島尻郡八重瀨町字宜次 578-1
Map code	33 010 254*76
電話	098-998-6708
營業時間	9:00 ～ 18:00
公休	無休
年齡	0 歲～成人
參觀時間	30 分鐘～ 1 小時
嬰兒車	可推嬰兒車進入

 停車場　 洗手間　 餐飲區　 自動販賣機　 嬰兒車友善環境　 雨天ok!

Ashibinaa Outlet mall
沖縄アウトレットモール あしびなー

官網　　地圖

Ashibinaa Outlet 在那霸機場附近，租車後直接過來用餐、逛街非常方便！這裡很好逛，根本就是敗家天堂，舉凡露營界的經典品牌 Logos，衝浪品牌 Billabong、OP，最有名的廚房界夢幻逸品鑄鐵鍋 Staub、Le Creuset，以及親子界很夯的森林家族（Sylvanian Family）、miki house……，還有台灣很夯的 Under Armor，以及 CanDo 百元商店，另外還有一些知名品牌 Gap，有些品牌價格算比較便宜，如果剛好遇到店家有折扣時非常好買！ Outlet 對面有免費的停車場，開車過來很方便。

一到 Ashibinaa Outlet 先去 Information 拿免費的地圖導覽，參考店舖資訊，看好自己想逛的店家，找尋更容易也更方便！畢竟炎熱的夏天，讓我沒辦法忍受待在室外啊，一整個想趕快躲到店裡。另外，一定要先上官網看好目前的優惠折扣！ outlet 內有許多可愛的餐車，販售甜點、冰淇淋，如果需要購買小朋友的衣服或是要使用到哺乳室、幼兒遊戲室可以上二樓，還有一些餐廳美食能祭祭五臟廟。

🔍 Ashibinaa Outlet mall

地址	沖繩縣豐見城市字豐崎 1-188
Map code	232 544 541
電話	098-916-000
營業時間	10:00 ～ 20:00
公休	無休
年齡	0 歲～成人
參觀時間	1 ～ 3 小時
嬰兒車	可推嬰兒車進入

 停車場　 洗手間　 無障礙洗手間　 餐飲區　 自動販賣機　 Free wifi

 投幣式儲物櫃　 哺乳室　 尿布檯　 嬰兒車租借　 嬰兒車友善環境　 雨天ok!

西崎親水運動公園

地圖

　帶小孩到沖繩一定要來體驗超長、超好玩、超刺激的溜滑梯！包準大人、小孩都會玩上癮，西崎親水運動公園鄰近沖繩南部，距離那霸空港不遠，租車後即可安排自駕直接開過來西崎親水運動公園！

　西崎親水運動公園離 ASHIBINAA outlet 大約 3 分鐘的車程，將車子停在親水運動公園停車場走到親水公園溜滑梯最方便（路程大約 5 分鐘）。西崎公園溜滑梯的滾輪是塑膠的，溜滑梯沿著人工小河川、山坡地形建造，溜滑梯穿越池塘上方是最刺激好玩的部分！除了長長的溜滑梯外，還有適合小小朋友的遊樂設施、溜滑梯、沙坑、特殊造型的攀爬網，是距離那霸機場附近，非常知名又有豐富兒童遊樂設施綜合性的運動公園。除了兒童遊樂設施外，寬敞遼闊的公園還結合了有棒球場、田徑場、體育館等，佔地相當廣大！

🔍 西崎親水運動公園 Nishizaki Sports Park

地址	沖繩縣糸滿市西崎町 3 丁目（建議停車後，注意一下遠方就可以看到溜滑梯的方位，很明顯！）
Map code	232 484 807
電話	098-992-7961
開放時間	全年開放
公休	無休
年齡	1 歲～成人
參觀時間	1.5 小時
嬰兒車	可推嬰兒車進入

 停車場　 洗手間　 自動販賣機　 嬰兒車友善環境

山巓毛公園
さんてぃんもう公園

地圖

　山巓毛公園是沖繩南部一個隱藏私房的小景點，位在系滿港旁邊的山巓毛公園，有著特別的地理景觀，處於市區中的小山丘特別顯眼，當地人都稱這個小山丘為山巓毛！

　公園旁邊有一處太陽能發電的藍色高塔，高塔旁有一座涼亭與瞭望台，從瞭望台可以俯瞰沖繩南部的美麗海景，以及整個系滿市的風光！高台能看到系滿市區的景觀，晚上這邊的夜景也是非常美，浪漫指數 4 顆星。

　這邊有大型的遊樂設施，很多網狀設施對小孩手腳協調力很棒，另一邊還有一個大溜滑梯，公園內有提供設施齊全的大型兒童遊樂設施，石頭溜滑梯、攀繩、大型跳網，以及各式各樣的旋轉溜滑梯，小朋友也可以在這裡玩得很開心！不少沖繩親子家庭假日帶著小孩來此野餐呢！

　雖然山巓毛公園沒有同位在沖繩南部的 Gusukurodo Park（グスクロード）公園、平和祈念公園設施新穎、亮眼，但是多了寧靜的清幽氛圍！如果不想追隨觀光客的腳步，可以選擇帶孩子來到山巓毛公園，欣賞美景兼玩耍，如果有時間可以買個便當、飯糰在此野餐，也別有一番趣味！

🔍 山巓毛公園 Santinmo Park

地址	沖繩縣系滿市系滿 538
Map code	232 455 140*21
開放時間	全年開放
公休	無休
年齡	1 歲～成人
參觀時間	1 小時
嬰兒車	可推嬰兒車進入

 停車場　 洗手間

 自動販賣機　 嬰兒車友善環境

地圖

南浜公園

南浜公園位於沖繩南部系滿市，擁有美麗的落日沙灘，也有適合小小孩的遊樂設施，吹著涼爽的海風，不管是盪著鞦韆或在沙灘上看著夕陽，浪漫指數 100 分！

結合海灘、兒童遊樂設施、市民廣場、籃球場的超大型公園，這裡的沙灘是人造海灘，細沙綿密、海水清澈見底！距離當地住宅區很近，常常可見當地人來此欣賞海景、散步，夏天帶孩子挖沙、戲水，或是從事休閒運動！整個公園的腹地很寬敞，沿著臨海步道漫步非常愜意、休閒！

兒童遊樂設施距離海灘有段距離，可以開車或是慢慢散步過去，兒童遊樂設施小巧精緻，盪鞦韆、溜滑梯、還有石頭設計的陡峭溜滑梯，比較適合年齡 3 ～ 6 歲的孩子使用！因為位於系滿市比較熱鬧的區域，沿途還可以看到不少食堂、超市，很適合帶小朋友來放風喔！

🔍 南浜公園

地址	沖繩縣糸滿市潮崎町 4 丁目
Map code	232 394 560*20
開放時間	全年開放
公休	無休

年齡	1 歲～成人
參觀時間	1 小時
嬰兒車	可推嬰兒車進入

停車場　洗手間　自動販賣機　嬰兒車友善環境

平和祈念公園

地圖

　　位於沖繩南部平和祈念公園，是 2017 年重新翻修的兒童遊樂設施！以生命之卵、生命的起源為主體概念，設計出一座島，並將遊樂設施分齡區分為海洋、天空、宇宙等區域，繽紛燦爛的遊樂設施，包含了刺激超長的溜滑梯、攀岩、大型繩索、跳床……等都非常有趣好玩！說實話這些遊樂設施，我們在台灣從來沒有見過！雖說是公園，但更像是大型的兒童樂園，所有設施新穎乾淨，當然全部都是免費無料！

　　真的是太羨慕沖繩的孩子了，所有遊樂設施都是針對兒童的統合、肌耐力設計，讓國家未來的主人翁透過玩耍就可以啟發自信、勇往直前、訓練肌力……等。從 1 ～ 12 歲的孩子們都可以在這裡使用適合自己年齡的遊樂設施，跑步、攀爬、跳躍、玩耍、冒險成長！

　　而寬敞的玩樂空間、最新的兒童遊樂設施、舒適的休憩區，更是讓我們嘆為觀止，帶小朋友來此玩上半天都捨不得離開呢！

　　最吸晴的巨卵遊樂設施是小朋友最喜愛的，裡面佈滿了繩索，小朋友可以在裡頭像蜘蛛人一樣攀爬，到登上超長的溜滑梯必須走在像是空中走廊一般，彷彿在空中漫步一樣有趣！又高又陡峭的溜滑梯看似危險，整個設施下方都舖滿了軟墊，相當安全！旁邊小溜滑梯、小樓梯是適合年齡比較小的小朋友，而另一邊則是適合已經可以跑跳自主的小朋友！幾乎所有的設施都會運用到攀爬的運動，小朋友在這裡可以盡情地跑跳、玩耍，不但非常安全，也玩得開心。另外，也有設置彈跳床、攀岩、以及適合 3 ～ 6 歲孩子專用的設施。

🔍 平和祈念公園

地址	沖繩縣糸滿市字摩文仁 444
Map code	232 341 174*16
電話	098-997-2765
開放時間	全年開放
公休	無休

年齡	1 歲～成人
參觀時間	1 小時
嬰兒車	可推嬰兒車進入

 停車場   洗手間   自動販賣機  嬰兒車友善環境

地圖

海之故鄉公園
糸満海のふるさと公園

海之故鄉公園位於沖繩南部系滿港旁邊，公園內有個大大的城堡，金字塔型攀爬繩，訓練平衡感、手腳協調、膽量，旅遊書上跟網路上看到的溜滑梯已經拆掉了，但多了一個滑索的設施，是繞一圈的滑索，刺激又好玩！

海之故鄉公園很寬敞，遊樂設施以滑索、大型攀爬繩索為主，最特別的莫過於繩索後方有一個可愛浪漫的城堡，爬上城堡登高欣賞風景，很有趣！公園內的兒童設施不多，但是大型的攀爬繩索、泰山滑索剛好是喜愛蜘蛛人小聿的最愛。海之故鄉公園距離系滿市的西松屋、西崎親水公園、Ashibinaa Outlet 都很近，可以安排在同一天逛逛走走！

🔍 海之故鄉公園 UminoFurusato Park

地址	沖繩縣系滿西崎町 1
Map code	232 484 019*60
開放時間	全年開放
公休	無休

年齡	1 歲～成人
參觀時間	30 分鐘
嬰兒車	可推嬰兒車進入

 停車場　 洗手間　 自動販賣機　嬰兒車友善環境

喜屋武岬

地圖

　喜屋武岬是沖繩最南端的海角，可以欣賞到沖繩最南點的麒麟懸崖、無敵海景。喜屋武岬地理位置偏僻，單線道的產業道路、會車不易！車子開到此處，海闊天空，寬敞的停車場、乾淨的環境、瞭望台、廁所，都讓人感受到舒服，享受一望無際的視角。

　喜屋武岬是二戰的時候美軍登陸的地方，這裡曾經是二戰的殺戮戰場，當年死傷無數，

現今日本政府在此設立了平和之塔，緬懷、紀念，戰爭帶給世界的傷痛太多，希望和平永存！陡峭綿延懸崖一邊是中國東海、一邊則是太平洋，兩洋交匯處。來到沖繩本島極南點停留一些時間，感受一下歷史的衝擊，欣賞寧靜美麗的海景！建議喜屋武岬可以與具志川城跡、平和祈念公園安排在同一天。

🔍 **喜屋武岬 Cape Kyan**

地址	沖繩縣糸滿市字喜屋武 1156-2
Map code	232 275 016
開放時間	全年開放
公休	無休
年齡	0 歲～成人
參觀時間	1 小時
嬰兒車	可推嬰兒車進入

 停車場　 洗手間　嬰兒車友善環境

系滿魚市場
糸満漁業協同組合お魚センター

地圖

　　沖繩系滿魚市場、那霸泊港漁市場、泡瀨漁港是赫赫有名的海鮮市場。系滿魚市場位於那霸機場附近，很適合一下飛機直衝過來大啖生猛海鮮，生魚片、海膽龍蝦、牡蠣、帝王蟹、大生蠔、扇貝、焗烤起士扇貝等，裡面滿滿的生食和熟食，鮮甜美味、產地直送的海鮮，比起另外兩個漁港，價位更平易近人，是不少觀光客想吃美味海鮮的首選！

　　系滿魚市場距離那霸機場約 10～15 分鐘，許多租車公司都在附近，很適合安排沖繩第一站，或是還車前的最後一站來大啖海味！停車場非常寬敞，停好車後就可以直接進入這棟白色外觀、藍色屋頂的建築享受美食囉！

　　乾淨清爽的魚市場，完全沒有台灣傳統市場的魚腥味。每一個攤位店家都販售不同的東西，有各種生熟食，一旁與戶外都有座位，可以購買後拿到座位品嚐。這裡幾乎每一攤都有滿滿的生魚片、握壽司等，建議大家可以先看看有賣哪些海鮮後再決定購買。海膽起士龍蝦是大家必點的經典選擇之一，每一口都充滿了大海的鮮甜滋味，海味激發味蕾，看到這些海鮮又開始飢腸轆轆了起來！

系滿魚市場

地址	沖繩縣糸滿市西崎町 4-19
Map code	232 484 199
電話	098-992-2803
營業時間	10:00 ～ 19:00
公休	無休
年齡	0 歲～成人
參觀時間	1 小時
嬰兒車	可推嬰兒車進入

停車場 洗手間 餐飲區 嬰兒車友善環境 雨天ok!

具志川城跡

地圖

沖繩有好幾座城址遺跡已經登入世界文化遺產中，這座位於沖繩最南端的具志川城跡，比起中城、連勝、今歸仁等城跡，顯得比較默默無名，實際上這是沖繩南部的一處隱藏景點，沒有觀光客，但卻有不少日本遊客開著車子前來參觀朝聖！具志川城跡三面環海，建築在一座天然的懸崖上方，以地理位置來說，易守難攻打。站在古老已經有點崩塌的城牆上，可以欣賞到無敵絕佳的太平洋海景，壯觀美麗！

沿路指標不太明顯，我們是要前往沖繩最南端喜屋武岬的路上，發現具志川城跡的！入口處有一處停車場，城跡不大，保存下來的城牆也不多了，但還是可以從剩下的遺址中感受當年的壯觀、威武！相傳是久米島具志川城主，因久米島被攻陷而逃到沖繩南部建造的，所以命名同久米島的具志川城，但實際歷史已不可考了！

🔍 **具志川城跡** Unnamed Road

地址	沖繩縣糸滿市喜屋武 1730-1
Map code	232 274 239*72
開放時間	全年開放
公休	無休
年齡	1 歲～成人
參觀時間	30 分鐘
嬰兒車	不適合

停車場

ばんない沖繩式島豚燒肉

官網　　　地圖

　　位在系滿市的ばんない沖繩式島豚燒肉，剛好離幾個知名景點像是西崎運動公園、海之故鄉公園、Ashibinaa Outlet 都很近，想要大口吃燒肉來這邊就對了，而且價位超便宜，16:00 前的話，大人只要 1300 日圓，4～6 歲只要 400 日圓，超級便宜的。

　　整棟白色建築物很明顯，餐廳外就有停車場，消費方式是 90 分鐘吃到飽，11:00～16:00 大人 1900 日圓、兒童 1400 日圓，16:00～22:00 大人 2500 日圓、兒童 1500 日圓（4～6 歲 500 日圓），算是很平價的燒肉店。

　　店內環境相當整潔乾淨，所有的食材都是自取的，除了燒肉外，還附有一點沙拉跟甜

點，另外還附有白飯、咖哩和味噌湯，飲料機的飲料種類有很多選擇，肉的部分雖然沒有高檔的和牛或是石垣牛，種類也較少，但肉質滿新鮮的，以這個價位來說算 CP 值很高，服務人員三不五時就會來幫忙換烤盤，服務很貼心。

🔍 ばんない沖繩式島豚燒肉

地址	沖繩縣糸滿市西崎町 4-20-5
Map code	232 484 226*00
電話	098-987-0549
營業時間	11:00 〜 22:00
公休	不定休

年齡	0 歲〜成人
參觀時間	1 〜 2 小時
嬰兒車	可推嬰兒車進入

 停車場
 洗手間
 餐飲區
 嬰兒車友善環境
 雨天ok!

与那原町

安座真SanSan海灘 p220

NIRAIKANAI橋 p221

知念岬公園 p222

Cafe薑黃花KURUKUMA p223

南城市

美らイチゴ美麗草莓 南城店 p243

南城風樹咖啡カフェ p241

Gangala 之谷 CAVE Cafe洞穴咖啡廳 p234

玉泉洞 p232
沖繩世界文化王國村 p236
健食吃到飽Chura 島餐廳 p239
波布毒蛇博物館公園 p238

新原海灘、新原海底觀光玻璃船 p225

Gusukurodo公園 p227

大城天婦羅 p229
中本鮮魚天婦羅店 p230
Imayiu海鮮市場 p230
奧武島沙灘 p231

地圖

安座真 SanSan 海灘
あざまサンサンビーチ

　　安座真 SanSan 海灘是沖繩南部相當知名的海灘，海水清透見底、平穩，擁有不少海上遊樂設施項目。其實沖繩不少海灘進入戲水是必須收費的，安座真 SanSan 海灘不但無料免費外，還擁有一座可以實現戀情的太陽 TIDA 愛之鐘，傳說只要來此敲上愛之鐘，情侶一定會結為夫妻，所以安座真 SanSan 海灘也成為情侶們到沖繩旅行，必來朝聖的海灘！帶著小聿敲上愛之鐘，希望家庭也可以一直幸福美滿！

　　安座真海灘是一座人工海灘，雖為人工沙灘，但以海水清透聞名！也是非常適合帶小朋友來挖沙、游泳的超棒海灘，安全的內港灣，不怕大浪潮流影響！透過安座真 SanSan 海灘中間的路，可以走向愛之鐘，而這條道路將左右兩邊的沙灘合而為一，地形顯示成一個超級大的愛心，非常有趣，天氣好時還能遠眺沖繩神之島久高島。

🔍 安座真 SanSan 海灘 Azama San San Beach

地址	沖繩縣南城市知念字安座真 1141-3
Map code	33 024 680*07
電話	098-948-3521
開放時間	10:00 ～ 18:00（7、8 月為 10:00 ～ 19:00）。游泳期間：4 月初旬～ 10 月末
公休	無休
年齡	0 歲～成人
參觀時間	1 小時
嬰兒車	不適合

 停車場　 洗手間　 餐飲區　 自動販賣機　 投幣式儲物櫃

NIRAIKANAI 橋
ニライカナイ橋

　位於沖繩南部南城市知念的 NIRAIKANAI 橋，從橋上可以欣賞沖繩美麗太平洋的絕美海景，天氣好時還能看到神之島久高島、KOMAKA 島，當我們車子穿越昏暗隧道後，眼前突然出現藍天白雲、蔚藍海岸，車子一路往下坡行駛在 NIRAIKANAI 橋上，彷彿在空中飛翔，夢幻般一望無際的海景，真的讓人震撼不已！

　NIRAIKANAI 橋是連接濱海 331 號公路，以及位於山丘 86 號公路，兩座分別叫做 NIRAI 橋和 KANAI 橋的大橋，將兩座橋結合在一起稱為 NIRAIKANAI 橋。這裡也是沖繩南部非常知名觀海的景點，因為車子行駛在 NIRAIKANAI 橋上，是不能隨意停車拍照的，所以建議大家可以停車在 NIRAIKANAI 橋最上方的展望觀景台處，走到觀景台欣賞海天一色的海景！

　NIRAIKANAI 是沖繩的方言，意思是海對面理想之鄉，從觀景台可以一覽無遺看到整座 NIRAIKANAI 橋，蜿蜒的 NIRAIKANAI 橋真的好高、好壯觀！

　在 NIRAIKANAI 橋停留的時間不需要太長，但是如果有安排沖繩南部的景點，千萬不要錯過！特別是站在觀景台從上往下看，風景實在是太迷人了！

🔍 NIRAIKANAI 橋

地址	沖繩縣南城市知念字知念（國道 331 號線駛入縣道 86 號線）
Map code	232 593 542*11
開放時間	全年開放
公休	無休
年齡	0 歲～成人
參觀時間	15 分鐘
嬰兒車	不適合

知念岬公園

地圖

沖繩南部的知念岬公園，是一座高台，突出於太平洋上方，擁有三面環海超廣角俯瞰絕佳海景的地理位置！天氣好時，將絕美太平洋海景盡收眼底，甚至有機會可以遠眺神的故鄉久高島呢！知念岬公園目前是沖繩南部非常有人氣的天涯海角，早晨可以欣賞太陽升起的美麗日出，晚上也有不少沖繩在地人在此觀賞星空！很推薦在無敵海景餐廳、咖啡廳用完餐後，來知念岬公園散步、吹吹海風，感受一下大自然的鬼斧神工、太平洋的蔚藍魅力，超浪漫、超有特色！這裡也是許多來沖繩拍婚紗的新人必拍攝的景點之一。

知念岬公園入口就有停車場，車子轉進來時路口南城市物產館，不要被路口的車流量嚇到，其實開進來知念岬公園停車場還有許多停車格。停好車後，跟著路牌指示走過去，不到 3 分鐘就可以看到知念岬公園全景。放遠看去一望無際的海景，海天一色，非常壯觀！知念岬公園平台上是舒適綠油油的草皮，圍欄下方都是翠綠的植物、樹木，是一處美得非常有特色的自然景觀！

🔍 知念岬公園

地址	沖繩縣南城市知念久手堅 523
Map code	232 594 503*30
開放時間	全年開放
公休	無休
年齡	0 歲～成人
參觀時間	30 ～ 40 分鐘
嬰兒車	不適合

 停車場

 洗手間

Cafe 薑黃花 KURUKUMA
カフェくるくま

官網

地圖

美麗的沖繩走到哪都可以欣賞到美麗的海景、海灘，沖繩從南到北有不少可以欣賞絕美海景的咖啡廳，如果玩累了選擇一間海景咖啡廳，品嚐美食、欣賞海景，感受一下度假的氛圍，真的非常愜意！

Cafe 薑黃花くるくま（KURUKUMA）是到沖繩必拜訪的無敵海景咖啡廳，寬敞的用餐空間、美麗動人的海景，還有最吸引人的道地南洋料理、親民平價的價格，讓我們即使必須等候一個多小時，還是覺得超級值得！

Cafe 薑黃花くるくま餐廳和餐廳的腹地很大，綠意盎然的草皮、植物，讓旅客倘佯

在大自然中，感受美好舒適！餐廳分為室內室外用餐區，室外用餐區可以欣賞海景，但只限使用甜點、飲料，正餐只能在室內座位區域使用。這裡供應的南洋料理，以咖哩為主，有海鮮、牛肉、豬肉、雞肉等口味！可以選擇加飯、薄餅等。招牌特餐 special，看起來非常豐盛！總共有三種咖哩，雞肉小辣、豬肉中辣、牛肉大辣，以及沙拉、西米露、白飯，另外還有一隻炸得非常香酥的雞腿！充滿海鮮風味的炒咖哩，滿滿的新鮮海鮮包含了淡菜、花枝、大蝦，以及洋蔥、高麗菜炒的非常夠味，幾乎每一口都可以吃到海鮮的清甜，微微辣的口感好下飯！不用擔

心南洋料理偏辣，孩子會沒有餐點可以吃，兒童餐咖哩是不辣的，加上薯條、熱狗跟炸雞，還有一碗濃湯、蘋果汁，包準小朋友吃得津津有味！

恐龍化石的展覽，小朋友應該會覺得非常有趣！如果到沖繩想要品嚐一頓美好的午餐，又可以欣賞海天一色的海景，Cafe 薑黃花くるくま真的是非常棒的首選推薦！

Cafe 薑黃花くるくま入口處，有擺放了許多

🔍 Cafe 薑黃花 KURUKUMA

地址	沖繩縣南城市知念字知念 1190
Map code	232 562 891*82
電話	098-949-1189
營業時間	11:00 ～ 17:00 （星期六日 18:00）
公休日	星期三

年齡	0 歲～成人
參觀時間	1 小時
嬰兒車	可推嬰兒車進入

 停車場 洗手間 餐飲區 嬰兒車友善環境 雨天ok!

新原海灘、新原海底觀光玻璃船
新原ビーチ

　　新原海灘是沖繩南城市滿知名的一處天然海灘，白色綿延的沙灘總長約 1 公里，非常迷人！是全年都沒有限制海上活動的一處沙灘。帶小朋友除了玩沙戲水外，新原海灘也有小型的新原海底觀光玻璃船，可以搭船欣賞珊瑚礁、熱帶魚，非常有趣！

　　新原沙灘的地形非常特別，沙灘上好幾處巨型礁石，木棧道加上可愛黃色的船、碧海藍天真的是絕景，怎麼拍都好美！難怪這裡也是沖繩南部拍婚紗知名的景點！如果想要玩水上活動，入口處也可以報名！新原海底觀光玻璃船坐一趟大概 25 分鐘，每 10 分鐘左右一班船。小小的新原海底觀光玻璃船大概可以坐十來位，船底由玻璃製成，透過船底的玻璃就可以清楚看到海底美麗的珊瑚礁，不時能看到可愛的熱帶魚兒悠游戲水，

海水清透、海底也非常乾淨清晰。

　　隨著船越開越遠，海底越來越美，珊瑚礁、五顏六色的魚兒處處可見！對於小小孩或是不敢浮潛的小朋友，新原海底觀光玻璃船是可以近距離欣賞熱帶魚、海底世界，是很棒的體驗！強烈建議可以帶小朋友來新原海灘走走拍照，搭乘玻璃船看熱帶魚，想要欣賞沖繩自然原始的海灘美景，千萬不可錯過！

🔍 新原海灘、新原海底觀光玻璃船

地址	沖繩縣南城市玉城百名 1338-1
Map code	232 470 604*63
電話	098-963-0551
開放時間	9:00 ～ 17:00。玻璃船基本上每天都運行，但視漲潮或退潮時的海況，有可能無法按客人希望的時間出港。
公休	全年營業。若遇氣候不佳時會中止活動

新原海底觀光
玻璃船官網

新原海底觀光
玻璃船地圖

年齡	0 歲～成人
參觀時間	1 小時
嬰兒車	不適合
門票	12 歲以上 1800 日圓、11 歲以下兒童 1200 日圓

新原海灘地圖

停車場

洗手間

地圖

Gusukurodo 公園
グスクロード公園

Gusukurodo 公園位於沖繩琉球王國、玉泉洞附近，規劃沖繩南部行程可以將附近的景點一起安排！入口處開進來有 20 來個停車位，雖然位處偏僻，但假日整個山坡都是滿滿的沖繩家庭在此野餐、玩耍！2017 年 5 月整修翻新後，新的遊樂設施器具登場，整個山坡佈滿了各種兒童遊樂設施、器材，彷彿來到大型的兒童樂園，非常壯觀！

公園遊樂設施建造在整座山坡上，寬敞舒適的環境，讓小朋友可以盡情跑跳！遊樂設施分成三個區域：1 ～ 3 歲的遊樂設施鋪滿了軟墊，有使用圍欄圍起，讓年紀小的孩童不必擔心被大一點的孩子碰撞；3 ～ 6 歲的小朋友則是使用中間區域的遊樂設施；而 6 ～ 12 歲的孩童，則是在山坡最下方的遊樂設施玩耍，依照年齡來區分每個不同階段孩童所需要增強的統合設施！

大型遊樂設施利用山坡的地形起伏建立，有不少高難度的遊戲設備！高地落差超大的愛心溜滑梯，是最新的木頭溜滑梯，不再是傳統滾輪式的溜滑梯，孩子們反而可以溜得更快速、刺激！所有設施用的是鮮豔又特殊的建築材料、軟墊都是擁有防曬設計的，大太陽下也不用擔心遊樂器材吸熱，超級貼心的設計！

　　充滿歡樂童趣的 Gusukurodo 公園，繽紛可愛的遊樂設施、明亮乾淨寬敞的草皮，讓孩子們可以透過玩樂刺激統合發展，不得不說沖繩在親子公園這塊真的相當用心！除

了定時維護遊樂設施外，還會翻新，這陣子發現不少老舊的遊樂設施公園都已經陸續開始整修了呢！只能說如果不能移民到沖繩，那我們只好每年帶孩子多衝幾趟了！

🔍 Gusukurodo 公園

地址	沖繩縣南城市玉城中山
Map code	232 498 724*16
開放時間	全年開放
公休	無休

年齡	6 個月～成人
參觀時間	1 ～ 2 小時
嬰兒車	可推嬰兒車進入

 停車場　 洗手間　 餐飲區　 自動販賣機　 嬰兒車友善環境

奧武島

奧武島跨海大橋距離沖繩本島只有 100 公尺，兩地非常近！開車繞島一圈不到 5 分鐘，整座島雖然不大，卻是目前沖繩南部挺夯必遊的景點之一，喜歡吃海鮮、天婦羅的朋友千萬不能錯過這座美麗樸實的小島嶼。

說到奧武島，大家應該會想到沖繩美食天婦羅，島上的中本鮮魚天婦羅店、大城天婦羅店，是非常知名的平價排隊美食！奧武島是以漁業興盛的純樸小島，島上以新鮮海鮮、天婦羅與貓咪聞名。

大城天婦羅

大城天婦羅店過跨海大橋往右轉，大約 1 分鐘就可以看到。我們 11 點抵達時，已經是滿滿的排隊人潮，菜單是日文，但是桌上擺了一張中日文對照表，炸魚、炸烏賊、蔬菜、紅芋、香腸、蟹肉棒、竹輪等，種類多種。除了天婦羅外，也有提供冰品。點單後先結帳，因為所有天婦羅都是新鮮現做的，必須等待 10 ～ 15 分鐘左右，如果排隊人多時，有時需等到 30 分鐘。

大城天婦羅店的魚肉非常紮實彈牙，烏賊超新鮮的口感，蟹肉棒則讓我有點失望，可能我想成帝王蟹肉棒 XD，但實際上就是我們吃火鍋的那種蟹肉棒。不過天婦羅的外皮非常酥脆，不油膩！重點是非常平價一份才 65 日圓。

地圖

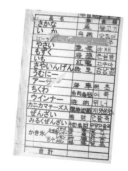

中本鮮魚天婦羅店

中本鮮魚天婦羅店位於奧武島跨海大橋正前方，過奧武島大橋第一站一定會看到超大的招牌，中本鮮魚天婦羅店是不少觀光客最喜歡、必吃的沖繩美食，是奧武島上最受歡迎的排隊美食，大城天婦羅反而以沖繩當地居民、日本觀光客為主。中本鮮魚天婦羅的食材比較多種，多了炸蝦、海鮮漿、炸野菜、炸魚卵蛋等，常常還沒有開門，門口就已經滿滿的排隊人潮！天婦羅酥鬆又厚實的麵衣，價格實惠、份量十足。

地圖

Imayiu 海鮮市場

中本天婦羅店往左邊走過去沒多遠，就可以看到奧武島海產物食堂，餐點以新鮮海鮮生魚片丼飯為主，喜歡海鮮定食、新鮮生魚片的朋友千萬別錯過，店內也有販售天婦羅。奧武島 Imayiu 海鮮市場，裡面販售當天新鮮捕獲的海鮮、生魚片、加工海產等，也有販賣生魚片丼飯、海鮮蓋飯，讓想來奧武島品嚐新鮮又平價海鮮的朋友，更多了一個選擇。

地圖

奧武島沙灘

地圖

　　除了美食之外，奧武島細緻的沙灘、蔚藍的海水也相當迷人，悠閒的小島充滿了度假風情，讓人想靜靜感受奧武島的美！奧武沙灘位於大城天婦羅店附近，漲潮沿岸、退潮沙灘的地形非常特殊，沿著路走到海邊，這無敵海景美到讓人驚呼連連，我們一整個流連忘返。奧武沙灘不太適合戲水、游泳，但是海天一色的美景，真的一定要從環島公路走下來欣賞片刻！

　　奧武島也有貓咪島之稱，島上有為數不少的貓咪，很可愛親人！常常走過來討摸，貓奴朋友可以來奧武島跟迷人的貓咪互動喔！

🔍 奧武島大成天婦羅店

地址	沖繩縣南城市玉城奧武 193
Map code	232 437 863*20
電話	098-948-4530
營業時間	11:00 ～ 17:45
公休	星期一、二、日

🔍 奧武沙灘

地址	沖繩縣南城市玉城
Map code	232 437 891*00
開放時間	全年開放
公休	公休

🔍 中本鮮魚天婦羅店

地址	沖繩縣南城市玉城字奧武 9
Map code	232 467 326*75
電話	098-948-3583
營業時間	10:30 ～ 18:00
公休	星期四

🔍 奧武島海鮮市場

地址	沖繩縣南城市玉城字奧武 41
Map code	232 468 275*15
電話	098-948-7920
營業時間	11:00 ～ 15:00
公休	星期一

年齡	0 歲～成人
參觀時間	1 小時
嬰兒車	不適合

 停車場
 洗手間
 餐飲區
 自動販賣機

玉泉洞

官網　　　　　　地圖

　　玉泉洞是珊瑚礁誕生出美麗的大鐘乳石洞，是日本第二長的鐘乳石洞，目前只開放890 公尺長的洞穴參觀，尚未開放的也有透過暑假等季節，安排南之洞穴的探險之旅，這可以探索到玉泉洞尚未開放的區域呢！

　　沿著潮濕的樓梯走到地底下的洞穴，眼前豁然開朗的是 30 萬年歲月悠久的鐘乳洞！玉泉洞鐘乳石的數量超過 100 萬根，全長有5 公里相當壯觀，整個洞穴溫度約在 20 度，冬暖夏涼，還有涓涓的水流聲！

　　玉泉洞中的步道，目前設置 890 公尺，雖然有點長！但是整路走起來沒有無趣、可怕的感覺，反而非常好玩，走在密密麻麻的鐘乳石岩洞中，所有的景觀都非常珍貴！很適合帶小朋友來親身體驗一下，教科書中介紹的鐘乳石岩洞！

🔍 玉泉洞

地址	沖繩縣南城市玉城前川 1336
Map code	232 495 360*55
電話	098-949-7421
開放時間	9:00 ～ 18:00。最後售票時間 17:00
公休	無休

 停車場　 洗手間　 餐飲區

 自動販賣機　 Free wifi　 雨天ok!

年齡	0 歲～成人
參觀時間	1 小時
嬰兒車	不適合
門票	玉泉洞：15 歲以上 2000 日圓、4 ～ 14 歲 1000 日圓、4 歲以下免費。
	憑此門票可參觀玉泉洞、琉球王國村城下町、波布（毒蛇）博物公園

地圖

Gangala 之谷 CAVE Cafe
洞穴咖啡廳
ガンガラーの谷 CAVE Cafe

Gangala 之谷 CAVE Cafe 洞穴咖啡廳是數十萬年前形成的天然洞穴，位於琉球王國、玉泉洞對面的停車場後方。如果不想走 800 公尺長的玉泉洞，來 CAVE Cafe 洞穴咖啡廳，坐在陽傘下，欣賞這鬼斧神工的鐘乳石洞穴，並點上一杯風化珊瑚烘焙而成的咖啡豆，以及玉泉洞地下水製成的獨特香濃風味咖啡，也是別具風味的享受！

鐘乳石洞經過自然坍塌形成了原始的山谷森林，非常壯觀！查了資料 2016 年居然還挖掘到史前古人曾經在此生活過，目前洞穴也還在挖掘研究中。歷史的痕跡，讓我們坐在這裡一邊品嚐咖啡，一邊感受大自然生命的奧妙，而這個洞穴比玉泉洞還早上數十萬年呢！

在洞穴中喝咖啡、吃冰淇淋真的是一個非常特別的體驗！帶著孩子到 Gangala 之谷 CAVE Cafe 洞穴咖啡廳，點杯咖啡一起感受神秘洞穴咖啡廳吧！

🔍 Gangala 之谷 CAVE Cafe 洞穴咖啡廳

地址	沖繩縣南城市玉城字前川 202 番地
Map code	232 494 476
電話	098-948-4192
營業時間	9:00 ～ 17:30
公休日	無休
年齡	0 歲～成人
參觀時間	1 小時
嬰兒車	可推嬰兒車進入

停車場　洗手間　餐飲區

自動販賣機　嬰兒車友善環境　雨天ok!

沖繩世界文化王國村
おきなわワールド

官網

地圖

沖繩世界文化王國村將屋齡 100 年以上的琉球古民家遷移至此，保留完整，也成為王國村中體驗手作 DIY 坊，想多了解感受沖繩琉球傳統文化，以及喜歡工藝手作體驗的朋友，可以選擇種類豐富又有趣的琉球玻璃杯、手繪風獅爺、陶瓷製作、挖珍珠體驗、沖繩傳統服裝、藍染體驗……。

另外，王國村內還有精采的沖繩太鼓表演、

沖繩名產專賣店、以沖繩原料製作的藥草酒的南都造酒廠，與各種美食，來到這裡可以盡情感受琉球工藝、文化體驗，美好的親子時光就此展開！無論是製作屬於自己獨一無二的玻璃杯、美麗傳統的染布，或是繪製可愛繽紛的風獅爺，都可以讓小朋友玩得盡興開心，收穫滿滿！

挖珍珠體驗

挖珍珠體驗時間大約 5 ～ 10 分鐘，體驗一次 500 日圓。這些珍珠都是來自於日本九州專門珍珠的養殖場，店員說保證每個珍珠蚌中都有珍珠。挖珍珠的流程，先戴上手套，選取一顆看得上眼的珍珠蚌，拿刀將珍珠蚌從縫中分開，然後尋找藏在蚌肉中間的珍珠，最後取出，可以選擇加購的方式，將珍珠加工放置當成耳環、項鍊。

小聿在珍珠蚌中發現有一顆超級飽滿渾圓的珍珠，我們挖到帶點藍紫色的珍珠，店員說這種顏色非常少，好幸運！加購 1000 ～ 2500 日圓，選擇將珍珠鑲在項鍊上。這項挖珍珠體驗真的相當好玩！有一種挖到寶的興奮感呢！

🔍 沖繩世界文化王國村 Okinawa World

停車場　　洗手間　　餐飲區　　自動販賣機

Free wifi　嬰兒車友善環境　雨天ok！

地址	沖繩縣南城市玉城前川 1336
Map code	232 495 360*55
電話	098-949-7421
開放時間	9:00 ～ 17:30
公休	無休

年齡	1 歲～成人
參觀時間	1 小時
嬰兒車	可推嬰兒車進入
門票	玉泉洞：15 歲以上 2000 日圓、4 ～ 14 歲 1000 日圓、4 歲以下免費。
	憑此門票可參觀玉泉洞、琉球王國村城下町、波布（毒蛇）博物公園

波布毒蛇博物館公園
ハブ博物公園

官網　　　　　　地圖

　波布毒蛇博物館公園位於沖繩南部沖繩世界文化王國內，裡頭可是世界級的毒蛇資料館，有不少沖繩特有的毒蛇展示、爬蟲類、烏龜等，還有世界各地蛇類的資料。除了可以近距離觀看到各式各樣的蛇類，以及沖繩久米等島、八重山等地特殊的毒蛇，博物館內還有精彩的毒蛇秀表演、眼鏡蛇、獴水

中賽跑等，帶著孩子進入這令人膽戰心驚的毒蛇神秘世界探索，讓孩子深入了解各種毒蛇的特性與危險性。觀看完刺激絕倫的毒蛇表演秀，最後還會讓客人與無毒性的大蟒蛇拍紀念照！真的是一趟非常有趣、奇特的經驗。

🔍 波布毒蛇博物館公園 Habu Park

地址	沖繩縣南城市玉城前川 1336	Map code　232 495 360*55
開放時間	9:00 ～ 18:00，最後售票時間 17:00	電話　　　098-949-7421
休館日	無休	

年齡　　　1 歲～成人
參觀時間　1 小時
嬰兒車　　可推嬰兒車進入
門票　　　波布 (毒蛇) 博物公園：15 歲以上 2000 日圓、4 ～ 14 歲 1000 日圓、
　　　　　4 歲以下免費。憑此門票可參觀玉泉洞、琉球王國村城下町、波布 (毒蛇) 博物公園

 停車場
 洗手間
 餐飲區
 自動販賣機
 Free wifi
 嬰兒車友善環境
 雨天ok!

健食吃到飽 Chura 島餐廳
美麗島おきなわワールド

官網　　　　地圖

　　沖繩世界文化王國村內有一間健食吃到飽 Chura 島餐廳，使用沖繩新鮮在地食材製作 80 多種菜餚，豐富美味，餐廳內寬敞舒適，還有兒童遊戲區！本來想要開車去南城附近的海景餐廳，但因為小聿已經餓到走不太動了，意外發現了這間餐廳，這是一間非常有特色，食材精緻美味的自助餐料理，現炸日式雞塊、天婦羅、咖哩飯、炒麵、蕎麥麵、塔可飯、薯條、壽司、甜點、關東煮、素食、沖繩傳統菜餚，以及沙拉，琳琅滿目的菜色，一整個滿足我們一家的味蕾。

　　在 Chura 島餐廳，可以享用到道地沖繩傳統壽司：大東壽司，以及一些非常有特色的沖繩鄉土料理！小朋友吃飽後，可以到用餐區後方的兒童遊戲區玩耍，是一家適合親子家庭用餐的餐廳！本來以為看起來不怎麼樣的餐廳，沒想到意外的美味，價位也相當平易近人。

🔍 健食吃到飽 Chura 島餐廳

地址	沖繩縣南城市玉城前川 1336
Map code	232 495 360*55
電話	098-949-7421
營業時間	11:00 ～ 15:00（最後點餐時間 14:30）
公休	無休

年齡	0 歲～成人
參觀時間	1 小時
嬰兒車	可推嬰兒車進入
費用	大人 1980 日圓 (12 歲以上)、
	兒童 1200 日圓 (6 ～ 11 歲)、
	幼兒 600 日圓 (4 ～ 5 歲)

 停車場
 洗手間
 餐飲區
 自動販賣機
 Free wifi
 尿布檯
 嬰兒車友善環境
 雨天ok!

南城風樹咖啡カフェ

官網

地圖

沖繩南部有許多無敵海景咖啡廳，無意間發現位於名水百選中垣花樋川旁的南城風樹咖啡カフェ，這是一間具有特色的咖啡廳，整棟小木屋隱藏在山林間，以原木建築打造，四周圍被森林環繞，居高臨下可以俯瞰絕美海景、山林美景！環境非常寧靜、舒適。這棟小木屋之前曾被颱風摧毀掉後，店主又重新建造，店內布置雅致，二樓還有戶外海景座位露台區，一邊欣賞無敵海景，一邊品嚐精緻美食，愜意極了！

南城風樹咖啡カフェ蓋在山崖旁邊，門口可以停放車輛，店家綠意盎然、滿滿的花草植栽，整個窗明几淨。一樓是廚房、候位區，走上二樓需穿上拖鞋，原木地板踩起來非常舒適。沿著樓梯上到二樓，會被眼前這個獨

立於世的戶外露台座位吸引，這景色實在是太美太美了！一開始我們以為坐在戶外會太熱，事實上位於山中的咖啡廳，不時都有微風吹來，非常涼爽舒適。

咖啡廳餐點以定食為主，有雞腿、牛肉咖哩、Taco rice 等，Taco rice 是沖繩很流行的塔可飯，生菜、肉末、白飯、起司，多層次的口感吃起來非常美味！來這裡放空沉澱，又能享用豐盛的午餐兼下午茶！

🔍 南城風樹咖啡 カフェ

地址	沖繩縣南城市玉城垣花 8-1
Map code	232 530 224*52
電話	098-948-1800
營業時間	11:30 ～ 16:00（星期六日 17:00）
公休	星期一、二、五

年齡	0 歲～成人
參觀時間	1 小時
嬰兒車	放置門口處

洗手間

餐飲區

雨天ok!

美らイチゴ美麗草莓
CHURA ICHIGO

官網

地圖

　位於沖繩南部的美らイチゴ美麗草莓，在南城、系滿都有美麗草莓園溫室，可以選擇 40 分鐘草莓吃到飽，或是外帶草莓的服務，另外還有推出裝飾草莓聖代的 DIY 體驗，很適合親子一起互動玩樂！

　美らイチゴ美麗草莓是沖繩最大的草莓園，2017 年開幕，距離那霸機場、市區都非常近，最讚的是一次可以品嚐到五種不同品種的草莓！假日、平日中午後通常人潮會很多，因為每個場次都有限定人數，建議大家可以選擇平日安排營業時間一開門就抵達，這樣就能一邊享受採草莓的樂趣，一邊品嚐鮮嫩欲滴的日本草莓囉！

　停車場空間很大，停車位非常多！依照交通人員指引停好車後，就可以看到這個夢幻的粉紅色建築，在這裡報到、付款後，依照指示進入草莓園，一開始會有服務人員在溫室外面講解採草莓的方式，以及規定。南城店總共有三個草莓溫室 ABC，園內也有販售草莓、草莓牛奶、草莓冰等。

　40 分鐘草莓隨便採、即時吃，感覺好過癮！我們先將每一個品種都吃了一輪後，找出最喜歡的草莓口味、品種，就開始瘋狂採集！整個溫室乾淨、舒適，草莓都是生長在包覆塑膠布的土壤中，所以地上都沒有土、泥巴，雨天也可以邊採邊吃，不用怕淋濕！

美らイチゴ美麗草莓

· 南城店南城ハウス

地址	沖繩縣南城市玉城字垣花屋宜原 555 番
Map code	232 559 448*58
電話	090-4581-4115

· 糸滿店糸 ハウス

地址	沖繩縣糸満市伊原 352
Map code	232 308 540*18
電話	090-4341-4115

營業時間	10:00 ～ 16:30
草莓採摘	每年 12 ～ 5 月舉辦

年齡	0 歲～成人
參觀時間	1 小時
嬰兒車	放置門口處
門票	成人（國中生以上）2500 日圓；小學生 1800 日圓；嬰兒（3 歲以上）、老年人（75 歲以上）、殘障人士 1300 日圓

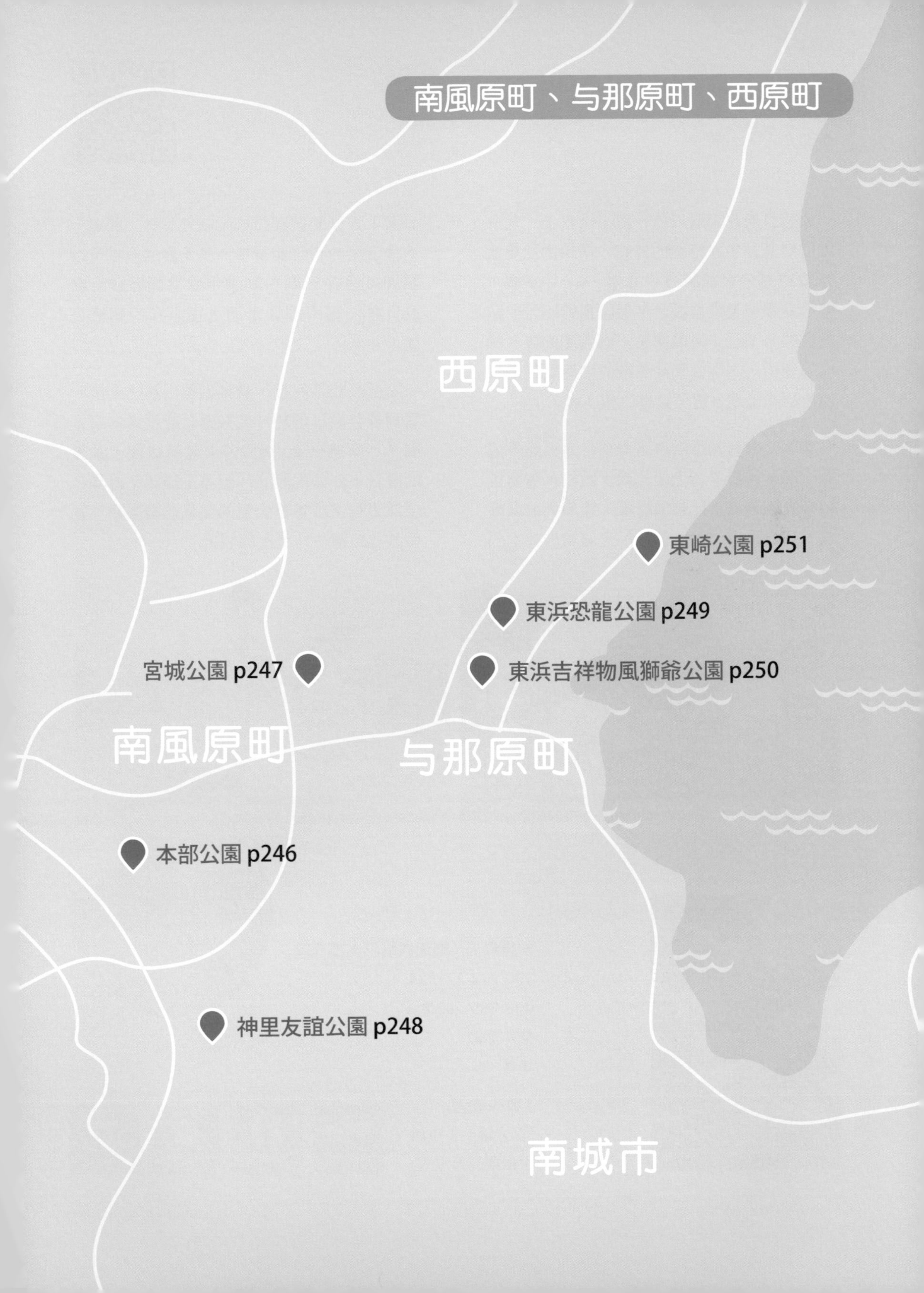

南風原町、与那原町、西原町
西原町
東崎公園 p251
東浜恐龍公園 p249
宮城公園 p247
東浜吉祥物風獅爺公園 p250
南風原町
与那原町
本部公園 p246
神里友誼公園 p248
南城市

地圖

本部公園
本部もとぶ公園

　本部公園在南風原的一座小山丘上，是一座以野菜為主題打造的公園，繽紛的兒童遊樂設施有分齡設計 3～6 歲、6～12 歲！整個公園都是沙坑設計，保證喜歡玩沙的孩童會開心不已！南風原是一個盛產南瓜、絲瓜的地區，本部公園最亮眼的建築物則是以綠色的南瓜燈為親子遊樂設施主題。

　本部公園有超長刺激溜滑梯，還有超多南瓜、茄子等野菜為主題的親子設施，豐富色彩更充滿趣味！比起海軍壕、添浦大公園來說，我更喜歡繽紛、多彩、充滿童趣的本部公園！大型的遊樂設施、攀爬設計、網繩、各種造型的特色溜滑梯、多元素的器材可以訓練孩童在玩樂中刺激手眼協調等統合發展，是沖繩南部非常適合遛小孩的超棒公園！

　本部公園不好找，建議沿著山路往上後，看到綠色南瓜燈時，就知道已經到達本部公園了，旁邊有 20 幾個停車位可以停。說真的看到本部公園設立的野菜王國親子遊具，儼然覺得這根本是大型的兒童遊樂園啊，整個遊具設置在沙坑上的規模。

🔍 本部公園 Motobu Park

地址	沖繩縣島尻郡南風原町本部 352
Map code	330 722 271*54
電話	098-889-2620
開放時間	全年開放
公休	無休
年齡	1 歲～成人
參觀時間	30 分鐘～1 小時
嬰兒車	可推嬰兒車進入

停車場

洗手間

自動販賣機

嬰兒車友善環境

宮城公園
宮城みやぐすく公園

地圖

　南風原宮城公園的親子設施以南風原特產絲瓜為主題設施，一旁還有 Tomica 火車，公園下方有停車場，停好車後往樓梯走去，就可以看到超大的運動公園，再往上走一層即可到達絲瓜主題公園！

　宮城公園是一個非常繽紛好玩，充滿童趣的公園，兩層樓高的主題遊樂設施，利用兩個絲瓜造型搭配繩索、吊橋、溜滑梯組合的大型親子遊樂設施，非常可愛、繽紛的色彩，包準孩子們看到為之瘋狂！其中鋼管溜滑梯超級刺激、快速，遊樂設施有不少繩索、

大大小小樓梯、溜滑梯，不但可訓練小朋友統合、肌肉發展，更可練習平衡、協調能力！一旁還有適合年齡比較小的孩子專用的 Tomica 火車溜滑梯，也超級吸睛！火車頭有駕駛座位、方向盤，可以行駛操作火車，列車後方的兩個溜滑梯也非常好玩！

　宮城公園適合 3～6 歲學齡前的孩童，與其他知名、觀光客超多的公園相比，宮城公園顯得靜謐、舒適，親子家庭非常適合安排來此歡樂玩耍！

🔍 宮城公園 Miyagusuku Park

地址	沖繩縣島尻郡南風原町字宮城
Map code	33 280 278*47
電話	098-889-4412
營業時間	全年開放
公休	無休
年齡	1 歲～成人
參觀時間	30 分鐘～1 小時
嬰兒車	可推嬰兒車進入

停車場　洗手間

自動販賣機　嬰兒車友善環境

地圖

神里友誼公園
神里（かみざと）ふれあい公園

神里友誼公園位於沖繩南部的南風原，與本部公園野菜王國、宮城公園絲瓜公園，並列為南風原三大必玩的公園，三個公園各有特色，設施器材都相當完善新穎。

神里友誼公園兒童綜合遊樂場是近期更新的全新設施，繽紛充滿童趣的公園，寬敞遼闊，還有棒球場、操場可以運動散步！設施以多個溜滑梯、攀爬繩結合，旋轉溜滑梯、突然下降的陡坡溜滑梯，還有適合幼兒玩的溜滑梯，一旁也有盪鞦韆、幼兒遊樂設施，加上神里友誼公園地處偏僻，並沒有太多觀光客知道這個公園，顯得靜謐、清幽。來這裡玩耍的小朋友都是住在附近的居民們，唯一的缺點是公園沒有專屬停車場，所以停車並不好停，建議大家如果要到神里友誼公園玩，要先確認好停車區域。

公園遊樂設施旁邊擺放了幾張長椅，讓家長可以清楚看到孩子們玩樂的狀況，來沖繩不想衝人擠人的溜滑梯公園，很推薦這個隱藏版的神里友誼公園！

🔍 神里友誼公園 Kamizatofureai Park

地址	沖繩縣南小原原上里 712-1
Map code	33 012 509*00
營業時間	全年開放
公休	無休
年齡	1 歲～成人
參觀時間	30 分鐘～1 小時
嬰兒車	可推嬰兒車進入

洗手間　自動販賣機

嬰兒車友善環境

地圖

東浜恐龍公園
東浜きょうりゅう公園

旁還有木片做的長長溜滑梯為主，設施不多，但非常新奇！暴龍設施前一陣子剛整修完畢，新穎設施安全完善，結合了攀繩、爬網，小朋友可以攀爬上三層樓高的暴龍身體中探險，在暴龍肚子中穿梭玩耍、嬉鬧、奔跑，包準玩得不亦樂乎！旁邊的長溜滑梯，溜下來速度超快又刺激！

東浜恐龍公園是男孩們最愛的恐龍系主題公園，位於沖繩南部的小社區中，巨大的恐龍遊樂設施目前非常火紅，一整個深受小朋友的喜愛，從遠方開車過來，就可以看到一個高聳挺立的暴龍，超級吸睛、亮眼！

恐龍公園顧名思義以恐龍設施為主題，一

東浜恐龍公園的恐龍設施，我覺得比較適合年齡大一點的小朋友，4～6歲手腳肌肉發達，懂得攀爬、運作肢體的孩子，畢竟暴龍設施，大人是沒辦法進去的，小朋友必須靠著自己的力量穿梭其中、上下自如，對於年紀小的小朋友比較吃力。來沖繩南部旅行時，記得帶孩子們來這個小巧精緻又充滿特色的東浜恐龍公園，感受一場恐龍冒險之旅吧！

🔍 東浜恐龍公園 Agarihama Kyoryu Park

地址	沖繩縣島尻郡与那原町東浜 15–5
Map code	33 136 524*51
電話	098-945-7244
開放時間	全年開放
公休	無休
年齡	4 歲～成人
參觀時間	30 分鐘～ 1 小時
嬰兒車	可推嬰兒車進入

 停車場

 洗手間

 自動販賣機

 嬰兒車友善環境

東浜吉祥物風獅爺公園
東浜シーサー公園

地圖

東浜吉祥物風獅爺公園是以沖繩吉祥物風獅爺為主題的溜滑梯設施，社區型的親子公園，雖然沒有長溜滑梯，但兒童遊樂設施齊全、好玩，但相較其他刺激好玩的公園來說，吉祥物風獅爺公園更適合年齡較小的幼童玩耍。充滿童趣可愛的風獅爺溜滑梯結合攀爬網、樓梯，以及兩個不同造型的溜滑梯，公園還有其他適合幼兒玩的小巧溜滑梯、盪鞦轆、搖椅等設施，每到假日整個公園都是小朋友，跑跳玩樂，在這裡可以感受到沖繩歡樂的童年！

風獅爺公園距離東浜恐龍公園不遠，一次玩兩個特色主題親子公園，過癮又好玩！建議可以安排一起前往！

🔍 東浜吉祥物風獅爺公園 Agarihama Shisa Park

地址	沖繩縣与那原町東町 62-8
Map code	33 136 189*30
開放時間	全年開放
公休	無休
年齡	1 歲～成人
參觀時間	30 分鐘～1 小時
嬰兒車	可推嬰兒車進入

 停車場　 洗手間

 自動販賣機　 嬰兒車友善環境

東崎公園
東崎都市緑地イルカ公園

地圖

　位於沖繩南部的東崎公園,佔地寬敞,綠油油的草皮上,有一座以海豚造型聞名的兒童多元溜滑梯設施,所以又名海豚公園。海豚公園設施非常大,延伸大大小小的溜滑梯、旋轉溜滑梯、超高滾輪刺激溜滑梯、垂直溜滑梯等,總共有7座不同樣式特色的溜滑梯,小朋友可以穿梭其中爬上爬下,選擇自己喜歡的溜滑梯,享受溜下來的刺激快感!

　海豚設施下層以及旁邊也有適合年齡較小的孩童的設施、遊具,整體而言,東崎公園適合各年齡層的小朋友,平日下午,常常可以看到保育園老師帶著小朋友來此野餐、玩耍。我

們是假日來玩,雖說遊樂設施有非常多小朋友,但也沒有擁擠的感覺,每個小孩都玩得非常開心自在,玩累了,跑到野餐墊上吃吃點心、喝喝水,這就是超棒的沖繩童年啊!

🔍 東崎公園 Agarizaki Park

地址	沖繩縣中頭郡西原町字東浜 15-1
Map code	33 168 454*68
開放時間	全年開放
公休	無休

年齡	1 歲～成人
參觀時間	30 分鐘～ 1 小時
嬰兒車	可推嬰兒車進入

 停車場
 洗手間
 自動販賣機
 嬰兒車友善環境

那霸親子遊

金城町石疊道

地圖

想感受沖繩的歷史，一定要參觀首里城，以及首里城城下的百年古道金城町石疊道。擁有百年歷史的石灰岩石坂路，石道使用琉球傳統石灰岩製成，平石砌成堆疊，一層一層的石道，經過歲月的洗禮，充滿歷史痕跡！金城町石疊道可是日本之路 100 選的古道之一，可惜因為二次大戰，目前保留下來完整的古道約剩 300 多公尺。

走在美麗復古的金城町石疊道，可以感受首里古城古色古香的獨特美，充滿古意沖繩傳統紅瓦房、樹齡 300 年以上的紅木林道、充滿歷史歲月痕跡的石坂路，重現沖繩傳統的日常生活。這裡非常寧靜，走在石疊道上感受陽光透過林蔭灑進來的美好，走一回金城町石疊道，體驗沖繩傳統的美！累了也可以來到金城町石疊道中間的石疊茶屋真珠，點上一杯飲品、茶點，好好的放鬆！

🔍 金城町石疊道

地址	沖繩縣那霸市首里金城町
Map code	33 161 420*63
開放時間	沒有限定時間，但是金城町石疊道兩旁有住家，建議不要打擾居民的安寧
公休	無休

餐飲區

年齡	0 歲～成人
參觀時間	1 小時
嬰兒車	不適合
交通	輕軌電車終點首里站，出站後徒步 15 分鐘即可抵達
備註	石疊道上斜坡及台階雨天路滑

255

首里城

官網

地圖

　　首里城是沖繩琉球王國政治、文化、外交的重心，也是琉球皇朝的皇宮遺址，融合中國、日本傳統建築，並利用沖繩當地高超的石砌技術，建造出琉球王國的城堡，也因為具有豐富的文化歷史，因此成為日本第11個世界文化遺產。來到首里城參觀，不但可以了解琉球皇朝的繁榮、衰敗歷史、沖繩傳統文化，還能欣賞古代皇宮的輝煌，搭乘輕軌抵達首里站南口出來後，步行約10分鐘即可抵達首里城；若是自駕開車，也有公有停車場可以停放車輛，交通非常便利！當然也成為來沖繩必訪的名城之一。

　　琉球王國從13世紀後與中國貿易十分頻繁，所以光從首里城閃耀的紅色建築就可以感受到濃濃的中國風。首里城位於首里最高的高台上，居高臨下的視野，可以欣賞美麗的那霸市景觀！

2019年10月31日凌晨發生大火，正殿、北殿和南殿等7棟建築物燒毀，目前正在重建中，部分重新開放給遊客參觀，預計2026年完工。

🔍 首里城

地址	沖繩縣那霸市首里金城町 1-2
Map code	33 161 526*10
電話	098-886-2020
開放時間	正殿、奉神門、南殿、番所、書院、鎖之間、北殿（付費區域）：8:30 ～ 18:00 歡会門、木曳門、久慶門免費區域：4 ～ 6 月、10 ～ 11 月 8:00 ～ 19:30；7 ～ 9 月 8:00 ～ 20:30
公休	7 月的第一個星期三、四休息
年齡	0 歲～成人
參觀時間	1 小時
嬰兒車	可推嬰兒車進入
門票	大人 820 日圓；高中生 820 日圓；小學、中學生 310 日圓；未滿 6 歲免費
交通	輕軌電車終點首里站，出站後徒步 15 分鐘即可抵達

 停車場

 洗手間

 無障礙洗手間

 餐飲區

 嬰兒車友善環境

San-A Naha Main Place 購物中心
サンエー那覇メインプレイス

官網

地圖

San-A Naha Main Place 購物中心位於那霸新都心百貨商圈，是那霸最知名、最好逛的購物指標百貨公司。距離新都心輕軌出口約 3 分鐘，兩層樓的購物商場，裡頭商品琳瑯滿目，包含了日本服飾品牌、雜貨、美食街、超市、嬰幼童用品、玩具、藥妝、電器、生活用品等，像是靴下屋、JEANASiS、NICE CLAUP、LOWRYS FARM、Heather、GLOBAL WORK 等等日本知名主流品牌，San-A Naha Main Place 購物中心都有專櫃。一樓有星巴克、甜甜圈、31 冰淇淋等小店，超市可以購買水果、零食、牛奶等食材，如果住的公寓有廚房，也可以購買一些生鮮肉品回公寓烹煮。

二樓兒童用品、服飾、玩具，更是我們採買小朋友開學用品或是衣服最佳選擇，二樓非常適合親子家庭、小朋友，有不少童裝、嬰幼兒用品、玩具等，如果旅途中漏帶了尿布、奶粉，可以來這裡補給，喜歡日本國民童裝品牌 MIKI HOUSE 一定要到二樓逛逛！

仔細看還可以發現不少露營、野餐用品、器具販售。除了餐廳外，二樓的美食街提供多樣化的菜單，從日式拉麵、定食、異國料理、甜點、速食也都非常齊全，一次可以滿足全家人不同味蕾。在 San-A Naha Main Place 購物中心可以逛上整整一天，建議選擇住在新都心百貨商圈附近的飯店，這樣每天晚上都能來好好逛街囉！

🔍 San-A Naha Main Place 購物中心

地址	沖繩縣那霸市 Omoromachi4-4-9
Map code	33 188 528*80
電話	098-951-3300
營業時間	9:00 ～ 23:00
公休	無休

年齡	0 歲～成人
參觀時間	1 ～ 3 小時
嬰兒車	可推嬰兒車進入
交通	輕軌電車おもろまち站（歌町站），出站後徒步 5 分鐘即可抵達

 停車場
 洗手間
 餐飲區
 自動販賣機
 哺乳室
 尿布檯
 嬰兒車租借
 嬰兒車友善環境
 雨天ok!

新都心購物商圈

地圖

沖繩那霸除了國際通外，還有一個號稱沖繩最好逛的新都心購物商區，鄰近沖繩輕軌電車おもろまち駅（omoromachi 站），交通便利，是沖繩非常具有人氣的購物商圈！美食林立，許多大型百貨商場、購物中心都聚集於此，附近也有不少飯店、便利商店，新都心購物商區的每一棟購物商場都超級大間！其中包含 San-A Naha Main Place，沖繩最具規模的購物中心（日系品牌為主）、DFS 免稅店（集結 130 種以上海外名牌精品）、Coop Apple Town（兒童親子同樂購物中心、玩具反斗城）、大國藥妝、24 小時的天久 RYUBO 樂天超市、DAISO、Uniqlo、Muji 無印良品、BEST 電器等，還有不少美食燒肉居酒屋、以及嬰幼兒必逛的西松屋。

新都心位於輕軌おもろまち歌町站，不少喜愛逛街、購物的朋友，都非常推薦來此逛街，最棒的是 DFS 免稅店這邊還有租車、取車的還車點，帶小朋友買玩具、嬰幼兒用品、吃美食、購物，來新都心絕對沒錯！白天逛不過癮，還可以選擇到 24 小時的天久 RYUBO 樂天超市採買補給，找尋沖繩限定的伴手禮。

🔍 新都心購物商圈

地址	沖繩縣那霸市 Omoromachi
Map code	33 218 092*36
開放時間	依照各大商場、百貨公司時間開放
公休	依照各大商場、百貨公司時間公休

年齡	0 歲～成人
參觀時間	1 ～ 3 小時
嬰兒車	可推嬰兒車進入
交通	輕軌電車おもろまち站（歌町站），出站後徒步 5 分鐘即可抵達

 停車場　 洗手間　 餐飲區　 自動販賣機　 嬰兒車友善環境　 雨天ok！

Coop Apple Town 購物中心

地圖

　　新都心購物商圈中的 Coop Apple Town，是一間適合親子同樂的購物中心，也是我們每次來沖繩必逛的一棟商場，一樓有玩具反斗城 TOYRUS 及 BABIESRUS、生鮮超市、藥妝店。這裡是沖繩唯一集合玩具、嬰幼兒用品的大型賣場，各式玩具、嬰幼兒用品齊全，還有許多日本本土製作的玩具以及書籍、嬰幼兒日用品，逛街採買都很方便，商品應有盡有！二樓還約有十幾間日本連鎖美食餐廳，以及遊 kids 愛 land 迷你親子遊樂設施，帶小朋友來走走，不但好停車，也超好買！餐廳包含了迴轉壽司、義大利麵、日本料理、韓國料理、牛排等，各種美食可以選擇。

　　Coop Apple Town 購物中心也是非常適合雨天備案遛小孩的最佳購物中心，遊 kids 愛 land 迷你親子遊樂設施，安全好玩的軟墊，即使是幼童也可以玩得盡興，不怕受傷！二樓不少餐廳都有附設兒童餐，每到假日，整棟商場滿滿的親子家庭來此享受親子同樂！

🔍 Coop Apple Town 購物中心

地址	沖繩縣那霸市おもろまち 3-3-1
Map code	33 188 846
電話	098-865-5566
營業時間	10:00 ～ 21:00。依各店鋪與設施不同而變動
公休	無休

 停車場　 洗手間　 餐飲區　 自動販賣機

 哺乳室　 尿布檯　 嬰兒車友善環境　 雨天ok!

年齡	0 歲～成人
參觀時間	1 ～ 2 小時
嬰兒車	可推嬰兒車進入
交通	輕軌電車おもろまち站（歌町站），出站後徒步 5 分鐘即可抵達

泊港魚市場
泊いゆまち

官網

地圖

　　離市區最近的魚市場：泊港漁市場，距離市中心約 10 分鐘的車程，如果白天的時候已經等不及想要吃新鮮海鮮，不管是搭乘郵輪或飛機，泊港漁市場絕對是你的第一選擇！泊港漁市場外有很大的停車場，相當方便，魚市場雖然沒有很大，但是海鮮的種類也是非常的多，如果不敢吃生魚片沒有關係，還是有多樣的熟食可選擇。

　　這邊魚市場內沒有什麼腥味，看到這麼多新鮮海鮮真的會讓人食欲大開，很多握壽司便當都只要 500 日圓起跳，甚至買三個還特價 1200 日圓，真的非常便宜！不想吃熟食的朋友也可以選擇現烤的海鮮，像是烤蟹腳、烤蝦、烤鰻魚等。

　　まぐろや本舗是魚市場內唯一的餐廳，店內是禁帶外食的，因為魚市場內沒有座位，想要好好休息吃上一碗新鮮海鮮丼，可以考慮在這休憩一下。生牡蠣一個 300 日圓，給

老闆錢之後，自己挑一個喜歡的位置，桌上有醬油可以加，完全就是討海人簡單又豪邁的吃法！喜歡吃龍蝦的朋友這邊還有焗烤起司龍蝦，半隻 2000 日圓，整隻 3800 日圓，這算是單價稍高的海鮮，旁邊的是焗烤扇貝串，一串 400 日圓。

　　這邊除了觀光客以外，還滿多本地人來挑海鮮的，看到最多的就是在冰櫃挑一整塊生魚片回去，價格從 950 日圓起，非常便宜！我們家最後買了焗烤扇貝、烤蝦、蟹腳，新鮮的海鮮吃起來特別鮮甜美味，沒有腥味，只要來一次就會上癮！

🔍 泊港魚市場

地址	沖繩縣那霸市 1-1-18
Map code	33 216 145*66
電話	098-868-1096
開放時間	6:00 ～ 18:00
公休	無休
年齡	0 歲～成人
參觀時間	1 小時
嬰兒車	可推嬰兒車進入
交通	輕軌電車美榮橋站，出站後徒步 20 分鐘即可抵達

停車場　洗手間　餐飲區　雨天ok!　嬰兒車友善環境

波之上海灘
波の上ビーチ

地圖

　　波之上海灘是那霸市唯一的海灘，接連著建築在海邊斷崖上的沖繩第一神社：波上宮。波上宮在沖繩已經有 700 多年的歷史，是自古以來最傳統的信仰，而鄰接在波上宮旁的波之上海灘，雖然前方有橋墩遮蔽了視野，沒辦法看到海天一色的海景，但整個海灘設計的很完善，是非常安全、設施齊全的海水浴場，夏天來此玩沙游泳，也會有不少大型水上活動、水上摩托車等設施可以體驗；冬天也能來此散步看看美麗的海景，雖說景觀視野不如其他海灘美，但是這裡的海水非常清透！

　　看著斷崖上高聳壯觀的波上宮，搭配美麗的波之上海灘，真的是一幅非常美麗的景色！比起人滿為患的波上宮，波之上海灘顯得靜謐。

波之上海灘

地址	沖繩縣那霸市若狹 1 丁目 25 番 11 号
Map code	33 185 056*20
電話	098-868-3697
開放時間	9:00 ～ 18:00。7 月～ 8 月～ 19:00
公休	無休
年齡	0 歲～成人
參觀時間	1.5 小時
嬰兒車	不適合
交通	輕軌電車縣廳前站，出站後徒步 15 分鐘即可抵達

停車場　洗手間

自動販賣機

ORCA 海底觀光船
大型水中觀光船 オルカ

觀光船訂票　　　　　地圖

　　ORCA 海底觀光船是從那霸港出發的大型水中觀光船，擁有世界級首發船型，以及 32 道大型特殊材質設計的玻璃窗。沖繩最有名的莫過於其清澈見底的海水，與豐富多元化的海洋生態、熱帶魚種類，透過搭乘觀光船，就可以一次飽覽海上風光，並且欣賞最可愛的熱帶魚、珊瑚礁，輕鬆自在的享受美麗的海底世界，非常適合攜帶小孩的親子家庭。

　　超大、超平穩的 ORCA 海底觀光船，在行駛過程中不太容易搖晃，整個航程約 50 分鐘左右，不但不容易暈船，還可以自在地行走在船上，即使冬天東北季風、下雨天，都不用擔心航程受影響，還是能欣賞到沖繩獨一無二最美的海底景色！

　　從輕軌旭橋站走路過來約 10 分鐘左右，就可以抵達那霸港遊客接待中心，是沖繩唯一沒有自駕也能搭乘輕軌抵達的海底觀光船，比起沖繩南部新原海灘新原海底觀光玻璃船、沖繩中部海中公園的海底玻璃船，交通更便利，搭乘起來也是最舒服、最大最平穩不擁擠的一艘海底觀光船。

🔍 ORCA 海底觀光船

地址	沖繩縣那霸市通堂町 2-1 那霸埠頭船客待合所 1F
Map code	33 125 739*82
電話	098-866-0489
營業時間	9:00 ～ 18:00
	1. 請在出港前 20 分鐘集合，並完成報到手續
	2. 出港前 15 分鐘將結束報到手續
公休	無休
年齡	0 歲～成人
參觀時間	1 小時
嬰兒車	可推嬰兒車進入
門票	大人（13 歲以上）2200 日圓、兒童（6 歲～未滿 13 歲）1000 日圓、幼兒（未滿 6 歲）免費。
交通	輕軌電車旭橋站，出站後徒步 10 分鐘即可抵達

 停車場　 洗手間　 嬰兒車友善環境

奧武山公園

地圖

奧武山公園位於沖繩那霸，輕軌奧武山公園站可到達！所以就算沒有租車也適合前往，直接搭乘輕軌前往奧武山公園下車走路約 3 分鐘。奧武山公園超級大，有游泳池、網球場、棒球場等運動設施，最棒的當然就是兒童遊樂設施公園！這是那霸市方便抵達又超級好玩的親子公園！

奧武山公園也是那霸市民休憩都會型公園，不少那霸大型活動、祭典都會在此舉辦，奧武山公園內有三間神社，其中護國神社是沖繩當地居民最常參拜的神社！公園內綠油油的大草皮，適合從事運動、戶外活動，假日不少親子家庭都會攜家帶眷來此野餐、玩耍、騎腳踏車。

奧武山公園中間的兒童遊樂設施是最近翻新整修過的，新穎好玩的設施，沿著山坡建造的以中國神獸龍、沖繩風獅爺為主要造型

設施的遊具，長長龍尾巴的溜滑梯是最新的木板溜滑梯，並非傳統的滾輪溜滑梯；以風獅爺為鳥籠主體建築的攀岩遊樂設施連結攀爬網、吊橋、迴旋梯，小朋友穿梭在大大小小的攀爬網、吊橋、高高低低的溜滑梯，玩得不亦樂乎！

小朋友玩這些設施，必須爬上山坡，在玩樂間運動，山坡下方區域，還有適合幼兒玩的遊樂設施、沙坑，奧武山公園一整個就是那霸市區遛孩子的最佳親子景點，包準小朋友玩到大呼過癮、不肯離開！

奧武山公園

地址	沖繩縣那霸市奧武山町 52
Map code	33 096 813
電話	098-858-2700
開放時間	全年開放
公休	無休

年齡	0 歲～成人
參觀時間	1 小時
嬰兒車	可推嬰兒車進入
交通	輕軌電車奧武山公園站，出站後徒步 3 分鐘即可抵達

 停車場　 洗手間　 自動販賣機　 嬰兒車友善環境

AEON MALL 永旺那霸店小祿站

官網　　　　　地圖

　沖繩那霸輕軌小祿站出口的 AEON 百貨，美食、藥妝、超市 JUSCO、嬰幼兒用品、玩具通通都有販售！有時候懶得找餐廳用餐，其實到 AEON 的美食街、餐廳，也有不少選擇！而小祿 AEON 百貨裡頭的超市非常大，來這裡買飲料、零食，價格比在超商購買便宜許多，種類也更多樣化可以選擇！

　小祿 AEON 百貨，營業時間從 10:00 ～ 24:00，超市更是從早上 7:00 就營業了，隨時都可以來補充日常生活用品、覓食，真的很便利！搭乘輕軌從小祿站走出來大約 2 分鐘，開車也很方便，有停車場可以停車！如果帶小朋友旅遊，臨時需要衣服、尿布、奶粉，這裡應有盡有來就對了！

　走上二樓，則是販售雜貨、露營用品、日常用品、廚房用具，以及嬰幼兒用品區、玩具、兒童服飾，也有不少服飾品牌，不少露營用品跟雜貨，以日本當地的服飾品牌居多，也有 UNIQLO！另外二樓也有好幾間餐廳，如果不想吃美食街的朋友，也可以選擇二樓的連鎖餐廳用餐！

🔍 **AEON MALL 永旺那霸店小祿站**

地址	沖繩縣那霸市金城 5-10-2
Map code	33 095 153*51
電話	098-852-1515
營業時間	10:00 ～ 24:00。超市早上 7:00 營業
公休	無休

年齡	0 歲～成人
參觀時間	1 ～ 2 小時
嬰兒車	可推嬰兒車進入
交通	輕軌電車小祿站，出站後徒步 2 分鐘即可抵達

洗手間　餐飲區　自動販賣機　哺乳室

尿布檯　嬰兒車租借　嬰兒車友善環境　雨天ok!

おりじん久茂地居酒屋

地圖

每次到日本，最喜歡探訪日本在地美食，那霸國際通有不少居酒屋，おりじん久茂地居酒屋是我們意外逛國際通發現的復古和室風居酒屋，走進居酒屋內需要脫鞋席地而坐的榻榻米和室，整間店充滿了濃濃的日本居酒屋文化氣息，非常有氣氛。我們一家三口還特別被安排到一間超級可愛的小包廂，這樣不用擔心小朋友會吸到煙味，也不用擔心小孩吵鬧而影響其他客人。

おりじん的菜色與一般的居酒屋不太相同，有創意兼具美味。在日本居酒屋有一個滿特別的習俗，每個人都會有基本低消類似座位費，店家會送上一人一份小菜，來收取這個座位費約 200～300 日圓。菜單種類多樣化，從烤、炸、炒飯通通都有，價位也平易近人便宜！推薦一定要點串燒、大蒜炒飯，這裡的菜餚很適合小朋友食用，不會太鹹太辣唷！

🔍 おりじん久茂地居酒屋 Orijin

地址	沖繩縣那霸市久茂地 3-13-11
Map code	33 157 334*04
電話	050-5871-5797
營業時間	17:00～05:00
公休	星期二
年齡	0 歲～成人
參觀時間	1 小時
嬰兒車	嬰兒車需放置門口
交通	輕軌電車牧志站，出站後徒步 5 分鐘即可抵達

 洗手間　 餐飲區　 雨天ok!

燒肉王（連鎖燒肉店）
燒肉きんぐ那覇久茂地店

官網　　　　地圖

在我們心中排名第一的沖繩燒肉店：燒肉きんぐ那霸久茂地店，交通十分方便！這間燒肉きんぐ那霸久茂地店位於國際通美榮橋站步行約 3 分鐘，自駕的話餐廳也附有停車場。燒肉きんぐ的菜單內容十分豐富，主打的熟成牛肉更是鮮甜好吃，是我在日本吃得最過癮的燒肉了，來到沖繩一定要來試試這間燒肉，肉質鮮嫩新鮮多汁、入口即化！

燒肉きんぐ菜色多樣化，居然有超過 100 道以上的菜，包含了牛、豬、雞肉、海鮮、烤物、炸物、甜點、野菜、章魚燒、炸牡蠣等等，還有小菜。跟台灣比起來比較特別的是，日本燒肉店吃到飽是不包含飲料的，需要額外加價！

🔍 燒肉王（連鎖燒肉店）Yakiniku King Naha Kumoji Branch

地址	沖繩縣那霸市久茂地 2-15-15
Map code	33 157 751*78
電話	098-860-5337
營業時間	星期一～五 17:00 ～ 00:00、星期六日 11:00 ～ 00:00
公休	無休

年齡	0 歲～成人
參觀時間	1 ～ 3 小時
嬰兒車	可推嬰兒車進入
交通	輕軌電車美榮橋站，出站後徒步 5 分鐘即可抵達

停車場　洗手間　餐飲區　嬰兒車友善環境　雨天ok!

國際通
国際通

官網　　　　　　地圖

　　熱鬧的國際通可說是沖繩最好逛的一條街，來到沖繩如果沒有到國際通逛街、購物、享受美食，那真的是白來了！在國際通可以採買到沖繩在地伴手禮、選擇體驗手作、購買紀念品，當然最重要的就是所有的沖繩在地美食、伴手禮名產，在國際通上都可以找到。街上還有不少屬於沖繩南國風格的雜貨小舖、飾品、服飾店，無論到沖繩第幾次，每次逛國際通都有種意猶未盡的新鮮感！

　　國際通上有沖繩那霸唯一一間百貨公司RYUBO百貨，可說是貼近沖繩在地居民的一間生活百貨，生活雜貨Francfranc、無印良品MUJI、迪士尼迷Disney corner都有專櫃，RYUBO百貨地下室還有超市、美食街，每到接近打烊時間，美食下殺打折，不少觀光客、沖繩主婦都必去採買；還有24小時不打烊，可退稅的驚安の殿堂，想買零食、藥妝、生活日用品，千萬不能錯過！另外，大國藥妝在國際通上也有數間，採買藥妝的朋友可以大買特買。

　　白天還可以到第一牧志公設市場品嚐美味海鮮、選擇沖繩在地手作體驗，中午後就能開始採買、逛街、享受美食。喜歡逛街的朋友，一定要選擇住國際通旁的飯店，逛累了就回飯店休息片刻再出發！

🔍 國際通

地址	沖繩縣那霸市
Map code	33 157 312*81
營業時間	10:00 ～ 22:00。依照各店家營業時間
公休	無休，依照各店家營業時間

年齡	0 歲～成人
參觀時間	1 ～ 3 小時
嬰兒車	可推嬰兒車進入
交通	輕軌電車美榮橋站，出站後徒步 5 分鐘即可抵達

 停車場 洗手間 餐飲區 嬰兒車友善環境 雨天ok！

國際通屋台村
国際通り屋台村

地圖

　　2015 年沖繩國際通多了一個非常有特色的觀光景點：屋台村，以居酒屋、街邊小吃的型態設立的美食街，總共有 20 間居酒屋的美食，雖說外觀都是以日本傳統居酒屋文化為主要佈置，但其實仔細看，裡面的餐飲卻是包羅萬象，不但有串燒、關東煮、壽司、鐵板料理、沖繩家常料理，還有涮涮鍋。每間居酒屋空間不大，都有設置戶外用餐區，餐廳內大約 6～8 個座位，戶外區約 3 桌 12 個座位，每到用餐時間，總是一位難求，

因為不能預約，需要排隊等候！

　　濃厚的日本在地居酒屋風情文化，夜晚整個屋台村都點亮了燈，懷舊的居酒屋氣氛充滿歡樂、輕鬆，不少沖繩在地人下班後都會來此用餐、聚餐，喝上幾杯，放鬆一下，越晚越熱鬧，越夜越精彩！有部分商家開到凌晨，如果半夜肚子餓的朋友，來國際通屋台村覓食準沒錯！

🔍 國際通屋台村

地址	沖繩縣那霸市牧志 3-11-16
Map code	33 158 452*28
營業時間	11:00～2:00。依據店舖的不同而有所差異
公休	依據店舖的不同而有所差異
年齡	0 歲～成人
參觀時間	1 小時
嬰兒車	不適合
交通	輕軌電車美榮橋站，出站後徒步 5 分鐘即可抵達

 洗手間　 餐飲區　 自動販賣機　 雨天ok!

ぼんぢりや 那霸居酒屋

官網　　　　地圖

　　ぼんぢりや是日本連鎖的居酒屋，我們選擇位於交通便利的那霸國際通店。ぼんぢりや 菜單種類豐盛，串燒、燒烤、鐵板燒、飯麵、煎餃等，還有火鍋，菜色美味、價位平易近人，不少沖繩上班族下班後，都會選擇來此小酌一杯。美味的煎餃、日式炒麵、奶油鐵板燒都是必點的招牌菜，除了一格一格的用餐區，也有包廂區，建議家族旅遊可以選擇包廂聚餐，點上一杯啤酒，享受美食！

　　日本居酒屋沒有禁煙，建議攜帶小朋友用餐，盡量安排居酒屋一開店的時間前往較不吵鬧、上菜速度也相對迅速！ぼんぢりや有提供兒童專用包廂，可以請店員安排兒童專用包廂，包廂內有玩具、電視，爸媽們可以盡情享受美食，小朋友也很自在！

ぼんぢりや 那霸居酒屋 Bonjiri-ya

地址	沖繩縣那霸市牧志 1 丁目 1-9
Map code	33 157 370*02
電話	098-861-8451
營業時間	17:00 ～ 01:00
公休	無休
年齡	0 歲～成人
參觀時間	1 小時
嬰兒車	可放置門口處
交通	距離輕軌電車美榮橋站 390 公尺，走路約 5 分鐘可抵達

 無障礙洗手間　 洗手間　 餐飲區　 雨天ok!

第一牧志公設市場

地圖

第一牧志公設市場位於沖繩鼎鼎大名的國際通國際大道上,是不少觀光客指名一定要來大啖海鮮、品嚐生魚片的知名觀光景點。擁有 60 年歷史的第一牧志公設市場,聚集了沖繩在地食材、海鮮漁獲、肉品等,對沖繩居民而言,這裡就是在地人的廚房,想要購買任何平價又新鮮的食材,來就對了。

第一牧志公設市場分為兩層樓,一樓為生鮮食材販賣部,所有肉品、海鮮都是每天新鮮直送,不時可以看到肉販、海產的叫賣,新鮮飽滿的海鮮、螃蟹、龍蝦等漁貨,都讓人看得口水直流、食指大動!另外,還可以看到非常多沖繩在地的調味料、醃漬品、乾貨等食材;二樓則為食堂餐廳,在一樓購買新鮮食材後,可以到二樓的餐廳代客料理!不少觀光客都指名一定要在早上來品嚐美味的生魚片早餐!

鄰近第一牧志公設市場旁的市場本通商店街、平和通都有不少小店、雜貨,真的是越逛越過癮,可以採買到不少伴手禮、雜貨零食等。沖繩最有名的「ポークたまごおにぎり本店」(豬肉蛋飯糰本店),也隱身在第一牧志公設市場的商店街中,只要看到哪一家店大排長龍,就可以知道沖繩最好吃的飯糰在哪囉!

🔍 第一牧志公設市場

地址	沖繩縣那霸市松尾 2-10-1
Map code	33 157 264*62
開放時間	8:00～21:00。依照各店家營業時間
公休	1月1日～3日、每月第四個星期日

年齡	0 歲～成人
參觀時間	1 小時
嬰兒車	可推嬰兒車進入
交通	輕軌電車牧志站，出站後徒步 5 分鐘即可抵達

 洗手間　 餐飲區　 自動販賣機　 嬰兒車友善環境　 雨天ok!

Penguin Bar Fairy 企鵝居酒屋

フェアリー Fairy ペンギンバー

沖繩那霸輕軌美榮橋附近，有一間可以餵食企鵝的企鵝居酒屋 Penguin Bar Fairy，店內以北極熊、企鵝為主題，裡面佈置的彷彿來到北極一般！除了在北海道旭川動物園看過企鵝遊行的樣子，從沒想過在日本國境之南沖繩，也可以與可愛的企鵝近距離互動、餵食！

企鵝居酒屋 Penguin Bar Fairy 是一間適合親子同樂的超棒餐廳，結合水族館、動物園，以及美食，歡樂的用餐氣氛，讓我們可以很放鬆的點上一杯啤酒，一邊品嚐豐盛的餐點，一邊欣賞企鵝，這特別的居酒屋太讓人驚喜了，企鵝超可愛又療癒！小聿餵食企鵝時，企鵝爭先恐後地搶食，真的超萌啊！

企鵝居酒屋的餐點有中文菜單，店家會先送上一盤蝦味先零食，菜單包含了美式、日式料理，義大利麵、鮭魚子丼飯、披薩通通都有，種類其實滿豐富的，推薦可以嚐試鮭魚子丼飯超級新鮮，粒粒分明的鮭魚子鮮艷美味極了！

企鵝居酒屋 Penguin Bar Fairy 是每天晚上 19:00 營業，建議帶小朋友的話，可以選擇 20:00 就抵達，因為 20:00 有一場企鵝餵食體驗，而且早點來可以被安排到比較靠近水族箱的位子，小朋友觀賞企鵝更清楚方便！

【餌の時間】
Feeding Time
投喂时间／投餵時間
①20:00 ～
②21:30 ～
③22:30 ～
④23:50 ～
⑤ 2:00 ～
※ペンギンの体調等により中止や時間変更になる場合もあります。

🔍 Penguin Bar Fairy 企鵝居酒屋

地址	沖繩縣那霸市松山 2-6-16 1F
Map code	33 156 839*60
電話	098-863-9993
營業時間	星期一～四 18:00 ～ 2:00；星期五、六 18:00 ～ 5:00； 星期日及假日 18:00 ～ 1:00
公休	無休

地圖

年齡	0 歲～成人
參觀時間	1 ～ 3 小時
嬰兒車	可推嬰兒車進入
座位費	一人 550 日圓（點選套餐時費用已包含座位費）
交通	輕軌電車美榮橋站，出站後徒步 5 分鐘即可抵達

 洗手間   餐飲區   嬰兒車友善環境   雨天ok！

Calbee+ 卡樂比沖繩國際通店

地圖

calbee+ 卡樂比最有名的產品就是薯條三兄弟，以及旗下許多洋芋片、薯條等零食。位於沖繩國際通上有一間以 calbee+ 卡樂比產品為主的實體店面，裡頭販售了許多 calbee+ 卡樂比旗下的零食、伴手禮，有不少沖繩限定款式的名產。這裡最特別的就是居然有現炸的 calbee+ 卡樂比薯條，而且還有使用沖繩在地食材製作的限定口味：紅薯，現炸的薯條熱熱的好酥脆，一整個驚為天人，超級可口！除了薯條，店內也有販售冰淇淋，以及其他特色商品，還有 calbee+ 卡樂比主題的多美小汽車 TOMICA。

🔍 Calbee+ 卡樂比沖繩國際通店

地址	沖繩縣那霸市牧志 3-2-2
Map code	33 157 477*65
電話	098-867-6254
營業時間	Calbee+ 卡樂比沖繩國際通店
公休	依據店舖的不同而有所差異
年齡	0 歲～成人
參觀時間	15 分鐘
嬰兒車	可推嬰兒車進入
交通	輕軌電車美榮橋站，出站後徒步 5 分鐘即可抵達

餐飲區　嬰兒車友善環境　雨天ok！

國家圖書館出版品預行編目 (CIP) 資料

沖繩親子遊：帶小孩第一沖就上手！溜滑梯公園X主題
園區X文化體驗X高CP值飯店，從北玩到南150+人氣景
點全制霸！暢銷最新版. – 暢銷最新版. --臺北市：創意
市集出版：城邦文化發行, 2024.4
　　面；　公分
　　ISBN 978-626-7336-75-5(平裝)

1.CST: 自助旅行 2.CST: 日本沖繩縣

731.7889　　　　　　　　　　　　　　113001124

2AF661X

沖繩親子遊：帶小孩第一沖就上手！

沖繩親子遊：帶小孩第一沖就上手！溜滑梯公園 × 主題園區 × 文化體驗 × 高 CP 值飯店，從北玩到南 150+ 人氣景點全制霸！暢銷最新版

作者 洛基小聿媽 ／ 責任編輯 李素卿 ／ 主編 溫淑閔 ／ 版面構成 江麗姿 ／ 封面設計 走路花工作室 ／ 行銷專員 辛政遠、楊惠潔 ／ 總編輯 姚蜀芸 ／ 副社長 黃錫鉉 ／ 總經理 吳濱伶 ／ 發行人 何飛鵬 ／ 出版 創意市集 ／ 發行 城邦文化事業股份有限公司 歡迎光臨城邦讀書花園 網址：www.cite.com.tw ／ 香港發行所 城邦（香港）出版集團有限公司 九龍九龍城土瓜灣道 86 號順聯工業大廈 6 樓 A 室 電話：(852) 25086231 傳真：(852) 25789337 E-mail：hkcite@biznetvigator.com ／ 馬新發行所 城邦（馬新）出版集團 Cite (M) Sdn Bhd 41, Jalan Radin Anum, Bandar Baru Sri Petaling,57000 Kuala Lumpur, Malaysia. 電話:(603) 90578822 傳真：(603) 90576622 E-mail：cite@cite.com.my ／ 客戶服務中心 地址：115 臺北市南港區昆陽街 16 號 5 樓 服務電話：（02）2500-7718、（02）2500-7719 服務時間：周一至周五 9：30～18：00 ／ 24 小時傳真專線：（02）2500-1990～3 E-mail：service@readingclub.com.tw ／ 印刷 凱林彩印股份有限公司 2024 年 4 月 Printed in Taiwan ／ 定價 450 元

※ 詢問書籍問題前，請註明您所購買的書名及書號，以及在哪一頁有問題，以便我們能加快處理速度為您服務。

※ 我們的回答範圍，恕僅限書籍本身問題及內容撰寫不清楚的地方，關於軟體、硬體本身的問題及衍生的操作狀況，請向原廠商洽詢處理。

※ 廠商合作、作者投稿、讀者意見回饋，請至：
　FB 粉絲團 · http://www.facebook.com/InnoFair
　Email 信箱 · ifbook@hmg.com.tw

若書籍外觀有破損、缺頁、裝訂錯誤等不完整現象，想要換書、退書，或您有大量購書的需求服務，都請與客服中心聯繫。